国家文化产业资金支持媒体融合重大项目

21世纪高等教育会计通用教材

省级精品课程配套教材

基础会计学综合模拟实验

（第三版）

Jichu Kuaijixue Zonghe Moni Shiyan

李占国 主编

沐红英 刘飞 张思嘉 副主编

东北财经大学出版社 大连
Dongbei University of Finance & Economics Press

图书在版编目（CIP）数据

基础会计学综合模拟实验 / 李占国主编. —3版.—大连：东北财经大学出版社，2018.8（2019.2重印）
（21世纪高等教育会计通用教材）
ISBN 978-7-5654-3310-8

Ⅰ. 基… Ⅱ. 李… Ⅲ. 会计学-高等学校-教材 Ⅳ. F230

中国版本图书馆CIP数据核字（2018）第193976号

东北财经大学出版社出版
（大连市黑石礁尖山街217号 邮政编码 116025）
网 址：http：//www.dufep.cn
读者信箱：dufep@dufe.edu.cn
大连图腾彩色印刷有限公司印刷 东北财经大学出版社发行

幅面尺寸：205mm×285mm 字数：445千字 印张：19 插页：13
2018年8月第3版 2019年2月第11次印刷

责任编辑：包利华 曲以欢 责任校对：京 玮
封面设计：冀贵收 版式设计：钟福建

定价：42.00元

教学支持 售后服务 联系电话：（0411）84710309

如有印装质量问题，请联系营销部：（0411）84710711

第三版前言

《基础会计学综合模拟实验》自2014年9月出版以来，受到了广大用书师生的好评与厚爱，短短四年的时间，累计销售约36 000册。虽然出版时间较短，但恰逢企业登记注册制度改革、税制改革以及会计制度的变化，教材的部分内容已不合时宜并对教学产生了一定的影响。为了对学生负责，出版社和作者均有修订的意愿，经过两个多月的努力完成了本次修订。除了秉承原来的特色、风格和主要内容以外，本次修订主要有以下几个特点：

更新勘误
法规、制度最新变化与内容调整

第一，体现“五证合一、一照一码”的企业登记注册制度改革。按照“一照一码”的要求，将纳税人识别号由原来的15位更新为18位。

第二，体现“营改增”税收法规的变化，紧跟会计实务发展。❶按照《营业税改征增值税试点实施办法》的规定，对原教材的部分内容进行了修改，诸如“生活服务——餐饮住宿服务”的住宿费和餐饮费、“建筑安装服务”的安装费和修理费、“交通运输服务”的运输费、“文化创意服务——广告服务”的广告费、“电信服务——基础电信服务”的通信费的“营改增”等都有所体现。❷配合“营改增”的改革，原“营业税金及附加”科目名称及其核算内容的变化（“四小税”纳入其中）在本次修订中都有所体现。❸对从2018年5月1日起，增值税税率由原17%、11%改为16%、10%的变化，在本版进行了修订。❹根据《财政部关于修订印发2018年度一般企业财务报表格式的通知》（财会〔2018〕15号）的规定，在本版对会计报表的格式也进行了修订。

第三，减少会计交易或事项数量，降低账务处理难度。针对部分指导教师反映原教材会计交易或事项数量大、账务处理难度高，教学课时不够用的现实情况，本次修订，删除了部分重复较多的会计交易或事项，删除了基础会计学教学非必需的会计交易或事项，诸如固定资产清理、资产减值损失（计提坏账准备）等，会计交易或事项的数量由原来的89笔减少为现在的77笔。

第四，增加和修改了部分内容，更加有利于教与学。❶配套《会计学基础》（李占国主编，东北财经大学出版社，2016年7月第一版），增加了企业所得税年终汇算清缴的基本内容，并将原来的编制月度利润表，改为编制年度利润表，更加有利于对净利润的计算与分配的讲授。❷将会计实务中的原始凭证，以文字的形式予以表述，实现了理论教学文字叙述会计交易或事项与实践教学原始凭证表现会计交易或事项的无缝对接，有助于学生对原始凭证的理解和学习。

第五，扫描二维码，学习更方便。引入现代二维码技术：❶将会计交易或事项的账务处理提示与要求，以二维码的形式列示于每笔会计交易或事项第一张原始凭证的旁边，通过手机扫描二维码，既方便学生自主学习，又减少了教师的指导工作量并节约了大量篇幅，充分体现数字化信息技术带来的便利。❷以二维码的形式，及时更新变化与勘误。为弥补纸质教材滞后的缺陷，及时更新教材中涉及有关税收法规与会计准则、制度变化的内容，以及对教材中出现的错漏进行更正与补充，在前言的右上角设置了一个“法规、制度最新变化与内容调整”的二维码，将及时添加与更新最新税收法规、会计准则制度的内容，以及其对本教材的影响与教学内容的变化，同时，对教材在使用中发现的错漏内容进行及时勘误。

第六，参考答案完整齐全，有利于指导教师的指导。本教材提供有完整的参考答案，包括自制原始凭证填制、所有记账凭证编制、科目汇总表编制、明细账登记、总账登记、会计报表编制，使用本教材的院校指导教师可向东北财经大学出版社索取，也可向作者直接索取。

本次修订由李占国教授负责组织并最后总纂定稿，上海思博职业技术学院沐红英、刘飞、张思嘉、程海慧、李静、杨玲玲共同执笔。在本教材每次修订及重印过程中，无论是体系的调整还是内容上的更新，我们都充分听取了上海思博职业技术学院和有关院校基础会计实践教学任课教师的意见与建议，这无疑也是本教材影响力与日俱增的缘由之一。值此本教材第三版付梓之际，向多年来对本教材的修订、完善不吝赐教的各位同仁致以诚挚的谢意！

本实训教材对应用型高等学校的会计学专业、财务管理专业、审计学专业及其他相关专业的基础会计学实训，更具针对性和实用性。同时，也适用于高等职业教育院校的基础会计学实训。

如果您有疑问或需要，可以通过以下方式与出版社取得联系：

电话：0411-84711800

邮箱：184510119@qq.com

任课教师也可通过QQ扫描右侧二维码进入讨论群下载答案。

会计实训教学交流群

作　者

2018年8月

第一版前言

在我国产业转型升级和高等教育大众化甚至普及化的今天，“为进入应用科学和现代技术领域的学习者提供学术和就业准备的教育”（《不列颠百科全书》）的应用型人才的培养，已成为普通高等教育的主流。因此，为会计学、财务管理、审计等经济管理类专业编写一本适合其生源基本素质、符合会计工作基本流程和岗位设置分工的实际情况，并高度仿真的《基础会计学综合模拟实验》教材，使学生更好地掌握基础会计学的基本理论、基本方法和基本技能，提高学生对实际会计工作的感性认识和动手能力，达到“有效教学”之目的，是我多年的心愿和本实验教材编写的出发点和最终归宿。

本书是上海市级精品课程“会计学原理与实务”的配套实验教材，依据2014年1月份财政部印发的修订后的《企业会计准则第9号——职工薪酬》、《企业会计准则第30号——财务报表列报》以及2013年12月份财政部、国家税务总局印发的《关于将铁路运输和邮政业纳入营业税改征增值税试点的通知》，即“营改增”政策等相关会计准则和税收法规，以掌握会计核算基本流程和培养基本技能为重点，以一个小型制造业企业的生产和销售为模拟对象，搜集、整理模拟原型企业的经营活动，从中筛选出不同种类和较为典型的会计交易或事项，按照会计工作流程，进行综合、系统的组织编写。

通过本书的学习，学生可以快速、全面地将基础会计学的基本知识活学活用并融会贯通：❶增强感性认识，包括：**认识**“账为何物”，**明确**“账从何来”、**清楚**“账有何用”；❷从整体上把握各种会计核算方法之间的联系，达到进一步提高学生的会计综合职业能力之目的；❸培养学生对会计工作的“三心”（耐心、细心、责任心）并强化其会计的“专业意识”；❹为“财务会计学”等后续专业课程的顺利学习和将来从事会计工作奠定坚实的基础。

本书在编写过程中，融合了作者多年从事会计模拟实验教学的体会和教材编写的丰富经验，在以下几个方面进行了有益的尝试：

（1）内容时效性。按照最新会计准则和税收法规组织教材内容，尤其是“营改增”税收法规制度的改革在本实验教材的内容中都有所体现。

（2）格式仿真性。❶本教材的原始凭证都直接来源于实际工作单位并套红印刷；❷所给出的实验用空白记账凭证、账簿、封面、扉页与实际工作中使用的种类、格式、颜色完全相同。

（3）操作方便性。❶本书提供了全部实验操作所用的空白凭证、账簿等材料，读者不需要再单独购买；❷本书采用单面印刷和沿书脊钢模压线（孔），便于实验操作时撕裁；❸实验操作开始时，先将本书附录给出的日记账、明细账、总账、账簿封面和封底等沿书脊左（下）侧的钢模压线（孔）撕下，将各账簿按照顺序整理加具各自的封面、封底后，日记账和总账用订书机沿装订线打钉装成订本式账簿，明细账用账绳从装订孔穿过并打活结装成活页式账簿；❹本书所给空白记账凭证，可以用一张撕一张，不必全部撕下；❺本书所给空白凭证、账簿留有一定的余量，便于学生做错时替换。

（4）篇幅节约性。为在有限的篇幅内增大信息量，将"会计交易或事项的文字描述及账务处理提示"印刷在对应原始凭证的背面，既便于学生对原始凭证的理解与核对，又节约了篇幅。

（5）资源丰富性。为方便教师授课，扩大学生的学习空间和延展学生的学习时间，本书还配有课程网站（网址：http://ppa.sdjues.com），同时，提供了两种形式的参考答案：❶按照实际工作中使用的凭证、账表格式所做的并以电子文档形式提供的完整答案；❷按照实际工作中使用的凭证、账表格式所做的手工书写的并以电子文档（扫描）提供的完整答案。任课教师也可登录东北财经大学出版社网站（www.dufep.cn）免费下载。

本书在编写过程中，徐言琨副教授和张丞斌注册会计师提供了大量的原始材料并参与了部分初稿的编写工作，靳磊副教授和陈瑛副教授提出了很多修改建议和意见，王子军、梁萌、周萍进行了资料和参考答案的初步整理工作，在此一并表示衷心的感谢！教材编写是一项非常具体和细致的工作，尤其是会计模拟实验教材涉及大量的、前后连贯并具有勾稽关系的数据，其中的艰辛和工作量之大是可想而知的。尽管我付出了极大努力，但书中难免仍有不妥之处，恳请读者批评指正。

李占国

2014年6月

目　录

第一章 绪 论

一、基础会计学综合模拟实验的意义

基础会计学综合模拟实验，是高等院校会计专业学生职业能力培养的一门技能训练课程，既是基础会计理论教学的必要补充，又是后续专业课程理论教学及模拟实验的基础。学生在学完基础会计学课程后，应进行一次较为完整、系统的会计核算的实际操作。

作为会计职业能力培养的一门专项技能实操课程，本书整合了制造业企业典型的会计交易或事项，按照会计核算程序，从建账开始，经过填制和审核原始凭证及记账凭证、登记明细账和总账，最后编制会计报表，完成一个会计循环。通过模拟实验：❶完整地掌握《基础会计学》教材各章节之间的联系，加深对会计循环的理解；❷掌握会计操作的基本技能，锻炼学生的实际工作能力；❸培养学生良好的工作作风和职业素养。

二、基础会计学综合模拟实验的内容

以反映企业会计工作的全过程为框架，按照会计核算的流程和环节，设计若干个对会计交易或事项进行账务处理的实操项目，构成了基础会计学综合模拟实验的内容。

（1）**认知企业及会计工作**，包括：了解企业基本情况、企业内部会计制度、会计工作组织方式。

（2）**建账**，包括：熟悉建账流程，建立账簿文件，设置会计科目，登记期初金额。

（3）**日常会计交易或事项处理**，包括：银行借款和接受投资、存货采购及付款、固定资产和无形资产购进及付款、一般销售及应收款项的核算等。

（4）**成本核算与期末会计事项的处理**，其中，成本核算包括：材料费用、职工薪酬、折旧费用、水电费用等成本费用的归集与分配以及产品成本的计算；期末会计事项的处理包括：计提费用、计算结转本月应交的各种税费、结转损益、计算利润和利润分配、期末进行试算平衡和对账与结账。

（5）**会计报表的编制**，包括：编制资产负债表、利润表。

（6）**会计档案的归档与保管**，包括：会计凭证的装订及保管、会计报表及会计账簿的装订及保管。

三、模拟实验企业概况

（1）企业名称、法定代表人、地址及电话：光明市永春机械公司，李永春；光明市建设路68号，0513-98706543。

（2）机构设置及负责人：财务科（钱一凡）；供销科（卜发愁）；办公室（赵婉茹）；生产车间（高安全）。

（3）注册资金：人民币肆仟贰佰万元整（42 000 000元）。其中：**港城投资公司、海虹机械公司、虹桥房产集团分别占40%、40%和20%**。

（4）企业类型与统一社会信用证代码：有限责任公司，91310040213456070M。

（5）经营范围及主要产品：机械产品生产与销售；AH-15型车床（简称A产品）、BH-16型车床（简称B产品）。

（6）增值税纳税人类型及登记（识别）号：增值税一般纳税人、91310040213456070M。

（7）开户银行及账号：中国工商银行光明市支行（简称“工行光支”），230045006。

（8）银行预留印鉴：包括公章、法人代表名章、财务专用章、财务负责人名章。开户银行对企业签发票据所盖印鉴进行比对的依据。

四、模拟实验企业会计核算制度

（一）会计核算形式及凭证账簿组织

（1）会计核算形式。模拟实验企业采用科目汇总表账务处理程序，每半个月编制一次科目汇总表并根据科目汇总表登记一次总账，明细账根据原始凭证和记账凭证逐笔登记。

（2）记账凭证种类。模拟实验企业使用复式记账凭证，分收款凭证、付款凭证和转账凭证三种类型。记账凭证按月、按类别连续编号。

（3）开设账簿及格式。模拟实验企业开设库存现金日记账、银行存款日记账、总账、明细账。总账和日记账均采用三栏式，明细账根据需要分别选用甲式、乙式和多栏式。

（二）存货核算制度与方法

（1）原材料、库存商品明细核算。❶原材料、库存商品明细核算采用账卡合一方式，即在仓库设置一套材料明细账和库存商品明细账；❷平时由仓库保管员根据“收料单”（简称“收”字）、“领料单”（简称“领”字）、产品入库单（简称“入”字）、产品出库单（简称“出”字）的仓库联登记收发数量；❸记账会计每月月末核对收发数量并进行计价。

（2）原材料、库存商品收发的计价。原材料、库存商品的收发均按实际成本计价。❶发出单价按月末一次加权平均法计算；❷月末一次加权平均单价尾差计入结存金额。

（3）“原材料”明细账的登记方法。❶“原材料”明细账的“收入”栏，平时根据“收料单”（仓库联）登记数量、单价和金额（本实验教材为节省篇幅只给出财务联，故财务联替代仓库联，一联两用）；❷“原材料”明细账的“发出”栏，平时根据“领料单”登记数量，并将“领料单”妥善保管；❸月末由材料会计根据各材料明细账月初结存数量和金额、本月收入数量和金额，按月末一次加权平均法计算发出材料的单价，该单价乘以本月领用数量的合计，得出并登记发出材料的金额；❹月末根据“领料单”分品种、用途或部门汇总其领用数量，再乘以加权平均单价，编制“发料凭证汇总表”。

（4）“库存商品”明细账的登记方法。❶“库存商品”明细账的“收入”栏，平时根据“产品入库单”（财务联替代仓库联）登记其收入数量，并将其妥善保管；❷月末根据“库存商品”明细账中结出的入库数量及“生产成本明细账”中的总成本和单位成本，编制“完工产品成本计算汇总表”（产品入库单作为该汇总表的附件）；❸根据该汇总表登记“生产成本”明细账月末的本月合计行、“收入”栏（或借方栏）的单价和金额；❹“库存商品”明细账的“发出”栏，平时根据“产品出库单”登记其发出数量；❺月末根据各库存商品明细账月初结存数量和金额、本月收入数量和金额，按“月末一次加权平均法”计算发出产品的单价，根据该单价及其乘以发出数量合计，登记“库存商品”明细账的“发出”栏的单价和金额；❻根据“库存商品”明细账的“发出”栏，编制“产品销售成本汇总计算表”。

（三）固定资产的核算

（1）固定资产的分类。固定资产分为“机器设备类”和“房屋建筑类”两大类，并按其设置二级明细账。

（2）固定资产折旧方法与折旧率。固定资产采用平均年限法分类计提折旧。其中，车间生产设备的月折旧率为0.8%，车间房屋的月折旧率为0.4%，管理用设备的月折旧率为0.6%，管理用房屋的月折旧率为0.2%。

（3）固定资产修理费用。按现行会计准则规定，应予以费用化的固定资产的修理费用一律计入管理费用。

（四）费用与成本

（1）职工福利费用。❶按工资总额的14%计提并按其用途记入有关成本费用账户（也可以不计提，但其使用应控制在工资总额的14%以内）；❷年末如未用完应冲销管理费用。

（2）费用分类与成本计算方法。❶费用按照经济用途进行分类，其中：直接材料、直接人工和制造费用计入产品成本，其余计入期间费用；❷采用“品种法”（简单法）计算产品成本；❸月末在产品成本计算采用定额法，为简化核算，直接给出月末在产品成本；❹制造费用按生产工人工资比例进行分配。

（五）增值税及税费附加

（1）增值税。公司销售各种产品应缴纳增值税，增值税税率为16%，增值税按期预缴（每月15日预缴一次），次月10日以前缴清。

（2）城市维护建设税及教育费附加。分别按照应纳增值税的7%和3%计算并按月缴纳，次月10日以前缴清。

（3）企业所得税。企业所得税的计税依据为应纳税所得额，本书假定会计所得额（利润总额）等于应纳税所得额（不需进行任何调整），所得税税率为25%，企业所得税“按年计算、按月据实预交、年终汇算清缴”。

（六）损益类账户采用“账结法”

❶1至11月月末，将各损益类账户（不包括“所得税费用”账户）转入“本年利润”账户。“本年利润”账户各月末余额，即为截至各月末实现的会计利润总额。❷年末，先将12月各损益类账户（不包括“所得税费用”账户）转入“本年利润”账户后，“本年利润”账户贷方余额即为全年实现的会计利润，然后，进行所得税汇算清缴并将所得税费用转入“本年利润”账户，这时，“本年利润”账户的贷方余额即为本年度实现的净利润。

（七）利润分配

（1）计提法定盈余公积。按照当期税后利润的10%计提法定盈余公积。

（2）向投资者分红。根据董事会决定的分配额和投资比例进行利润分配。

五、模拟实验企业会计核算岗位设置及其职责

（一）会计主管（兼审核与制单）的岗位职责

❶审核原始凭证并根据原始凭证编制记账凭证，同时在记账凭证的“制单”处签名或盖章；❷根据业务顺序将原始凭证按照裁剪线进行撕裁

并粘贴在记账凭证的后面（注意粘贴时原始凭证应与记账凭证左对齐、上对齐）；❸当每一旬的会计交易或事项填制完记账凭证后，应对本旬会计交易或事项所填制的记账凭证进行汇总并编制“科目汇总表”。

（二）记账会计（登记总账和部分明细账）的岗位职责

❶根据记账凭证登记有关明细账；❷根据原材料“领料单”登记“原材料明细账”的“发出”栏（数量）并结出“结存”栏（数量）；❸完成登账工作后，在记账凭证的“√”栏内注明过账符号，并在记账凭证的“记账”处签名或盖章；❹根据“科目汇总表”登记总账，并在总账栏打勾。

（三）出纳（兼记部分明细账）的岗位职责

❶根据记账凭证（收款凭证、付款凭证）登记库存现金日记账和银行存款日记账；❷根据原始凭证中的“产品入库单”和“产品出库单”登记“库存商品明细账”的“收入”栏（数量）和“发出”栏（数量）并结出“结存”栏（数量）；❸完成登账工作后，在记账凭证的“√”栏内注明过账符号，并在记账凭证的“出纳”处签名或盖章。需要特别注意的是：出纳人员不得兼任稽核、会计档案保管和收入、支出、费用、债权债务账目的登记工作。

六、教学方案与课时安排建议

（1）作为一门独立的实践性课程，进行集中实训。❶建议安排在基础会计学课程理论教学完成后当学期的1~2周内完成。❷或者，建议安排在基础会计学课程理论教学完成后下一学期的1~2周内完成。

（2）作为“基础会计学”课程的组成部分，分散在课内完成。❶如果“基础会计学”课程安排64学时（每周4学时），建议40学时完成理论教学，24学时完成实训教学（建议4学时连续进行）；❷如果“基础会计学”课程安排96学时（每周6学时），建议60学时完成理论教学，36学时完成实训教学（建议6学时连续进行）。

七、基础会计学综合模拟实训要求与考评

（一）实训要求

（1）掌握国家有关财经法律法规和企业会计制度，掌握各项费用的开支范围、标准及规定，加强学生政策法制观念。

（2）运用规范仿真的原始凭证、真实的记账凭证、会计账簿和会计报表，严格按照现行企业会计准则的要求进行操作。

（3）实训过程中遇到课堂理论教学中没有学到的新知识，要引导学生自己查阅资料，培养独立分析问题和解决问题的能力。

（4）实训结束后，将原始凭证、记账凭证、会计账簿、会计报表进行装订，作为考核的依据。

（5）实训结束后，每一名学生提交一份实训报告，主要包括以下几个方面：❶实训内容；❷实训过程；❸实训结果；❹实训中存在的问题及其解决的方法；❺实训体会及合理化建议。

（二）实训考评

实训考评包括实训过程和实训结果考评，分别占总成绩的40%与60%。实训过程考评以实训小组的考评为主，实训结果考评以学生提交的实训成果为依据，其评分标准分别为：❶原始凭证的填制和审核占20%；❷记账凭证的填制与审核占40%；❸账簿登记和会计报表编制占20%；❹会计档案装订占10%；❺实训报告撰写占10%。

第二章　初始建账及会计档案的整理与保管

一、基础会计模拟实验初始建账

（一）建账流程

将本教材附录给出的空白账页沿书脊左（上）侧的裁剪线撕下，并按照以下流程进行建账：

第一步：预备账页，装置成册，包括：❶准备各种账簿（订本式）；❷预备有关账页（活页式、卡片式）；❸使用账夹装置成册。

第二步：填写“账簿启用表”，包括：❶在“账簿启用表”上填写单位名称、账簿名称、册数、编号、起止页数、启用日期、记账人员和会计主管人员姓名等；❷会计人员变动时，应注明交接日期、交接人员及监交人员姓名，并由交接双方签名或盖章，以明确责任。

第三步：建立账户，包括：❶建立总账账户；❷建立二、三级明细账户；❸结转上期账户余额。

第四步：顺序编号，包括：❶将账簿按顺序编号；❷编制账户目录（科目索引）；❸贴上账户索引纸（俗称“口取纸”）。

（二）建账方法

1.库存现金日记账、银行存款日记账的建账方法

根据表2-1所给的期初余额和本书附录所给的空白日记账账页登记“库存现金日记账”和“银行存款日记账”的期初余额。日记账的装订方法见本章“三、会计账簿、会计报表的装订及保管”中的“1.整理并装订日记账”。

2.明细账的建账方法

❶根据表2-1所给的各明细账期初余额和附录所给的明细账空白账页，按照明细账的目录顺序依次登记甲式账、多栏式明细账和乙式账的期初余额；❷特别注意顺序，因为所给明细账的种类、格式、专栏多少、需要登记的内容（行数）多少不同；❸明细账的装订方法见本章“三、会计账簿、会计报表的装订及保管”中的“2.整理并装订明细账”。

3.总账的建账方法

❶根据表2-1所给的各总账期初余额和本书附录所给的总账空白账页，按照总账的目录顺序依次登记各有关总账的期初余额；❷总账的装订方法见本章“三、会计账簿、会计报表的装订及保管”中的“3.整理并装订总账”。

（三）建账资料

1.期初数据与所需账簿（页）格式

光明市永春机械公司2×18年12月的总账、明细账的月初余额及所需账簿（页）格式、数量见表2-1至表2-4；损益类账户1—11月份累计发生额见表2-5。

表2-1 光明市永春机械公司有关总账及明细账月初余额表

序号	会计科目		12月月初余额(元)				账簿(页)格式
	总账科目	明细科目	借方		贷方		
			总账金额	明细账金额	总账金额	明细账金额	
1	库存现金		2 000				三栏
		库存现金日记账		2 000			专用
2	银行存款		9 803 200				三栏
		银行存款日记账		9 803 200			专用
3	应收票据		2 640 000				三栏
		明远机械公司		2 640 000			甲式
4	应收账款		2 848 500				三栏
		金花机械公司		2 600 000			甲式
		宏图机械公司		248 500			甲式
5	预付账款		895 000				三栏
		远程机械公司		900 000			甲式
		希望机械公司				5 000	甲式
6	其他应收款		5 500				三栏
		鲍巩英		5 500			甲式
7	在途物资		88 000				三栏
		望海机械公司		88 000			甲式
8	原材料		809 000				三栏
		甲材料		275 000	详细资料见表2-2		乙式
		乙材料		278 000			
		丙材料		256 000			
9	库存商品		1 442 000				三栏
		A产品		1 104 000	详细资料见表2-3		乙式
		B产品		338 000			
10	固定资产		49 000 000				三栏
		机器设备类		27 000 000			甲式
		房屋建筑类		22 000 000			甲式
11	累计折旧				8 671 400		三栏
		累计折旧				8 671 400	甲式
12	在建工程		300 000				三栏
		配电室工程		200 000			甲式
		生产线工程		100 000			甲式
13	无形资产		900 000				三栏
		专利技术		900 000			甲式
		管理软件					甲式
14	累计摊销				360 000		三栏
		累计摊销				360 000	甲式

续表

序号	会计科目		12月月初余额(元)				账簿(页)格式
	总账科目	明细科目	借方		贷方		
			总账金额	明细账金额	总账金额	明细账金额	
15	生产成本		183 700				三栏
		A产品		122 500	账内再按照成本项目设置专栏，具体资料见表2-4		多栏
		B产品		61 200			
16	制造费用						三栏
		制造费用	账内按照费用项目“办公费”“水电费”“材料费”“工薪费用”“折旧费”设置5个专栏				多栏
17	短期借款				3 500 000		三栏
		工行光明支行				3 500 000	甲式
18	应付票据				640 000		三栏
		秋林机械公司				640 000	甲式
19	应付账款				202 100		三栏
		鸿运机械公司				190 000	甲式
		清流机械公司				2 100	甲式
		唐山华远钢铁厂				10 000	甲式
20	预收账款				1 431 200		三栏
		通宝机械公司				1 501 200	甲式
		新强机械公司		70 000			甲式
21	应交税费				760 000		三栏
		应交增值税	账内再按规定的项目，分借方和贷方设置若干个专栏				多栏
		未交增值税				300 000	甲式
		应交城建税				42 000	甲式
		应交教育费附加				18 000	甲式
		应交所得税				400 000	甲式
22	应付职工薪酬				967 200		三栏
		工资				980 000	甲式
		职工福利		12 800			甲式
23	应付利息				45 200		三栏
		工行光明支行				45 200	甲式
24	应付股利						三栏
		港城投资公司					甲式
		海虹机械公司					甲式
		虹桥房产集团					甲式
25	其他应付款				600		三栏
		供水公司				100	甲式
		供电公司				500	甲式

续表

序号	会计科目		12月月初余额(元)				账簿(页)格式
	总账科目	明细科目	借方		贷方		
			总账金额	明细账金额	总账金额	明细账金额	
26	实收资本				42 000 000		三栏
		港城投资公司				16 800 000	甲式
		海虹机械公司				16 800 000	甲式
		虹桥房产集团				8 400 000	甲式
27	资本公积				511 600		三栏
		资本溢价				511 600	三栏
28	盈余公积				2 202 600		三栏
		法定盈余公积				2 202 600	甲式
29	利润分配				590 000		三栏
		提取法定盈余公积					甲式
		应付股利					甲式
		未分配利润				590 000	甲式
30	本年利润				7 035 000		三栏
		本年利润				7 035 000	甲式
31	主营业务收入						三栏
		主营业务收入	账内按照“A产品”和“B产品”设置2个专栏				多栏
32	营业外收入						三栏
		营业外收入	账内按收入项目设置若干个专栏				多栏
33	营业外支出						三栏
		营业外支出	账内按支出项目设置若干个专栏				多栏
34	主营业务成本						三栏
		主营业务成本	账内按照“A产品”和“B产品”设置2个专栏				多栏
35	税金及附加						三栏
		税金及附加	账内按照税金及附加名称设置若干个专栏				多栏
36	销售费用						三栏
		销售费用	账内按费用项目设置若干个专栏				多栏
37	管理费用						三栏
		管理费用	账内按费用项目设置若干个专栏				多栏
38	财务费用						三栏
		财务费用	账内按费用项目设置若干个专栏				多栏
39	所得税费用						三栏
		所得税费用					甲式
合计			68 916 900	69 004 700	68 916 900	69 004 700	

表 2-2

原材料明细账月初余额资料

金额单位:元

材料名称	12月月初余额				账簿（页）格式
	计量单位	数量	单位成本	金额	
甲材料	千克	3 000	91.67	275 000	乙式账
乙材料	千克	4 000	69.5	278 000	乙式账
丙材料	千克	3 000	85.33	256 000	乙式账
合计				809 000	

表 2-3

库存商品明细账月初余额资料

金额单位:元

产品名称	12月月初余额				账簿（页）格式
	计量单位	数量	单位成本	金额	
A产品	台	400	2 760	1 104 000	乙式账
B产品	台	200	1 690	338 000	乙式账
合计				1 442 000	

表 2-4

生产成本明细账月初余额资料

金额单位:元

成本计算对象	计量单位	数量	成本项目				账簿（页）格式
			直接材料	直接人工	制造费用	在产品成本合计	
A产品	台	70	84 000	21 000	17 500	122 500	多栏式账
B产品	台	68	34 000	17 000	10 200	61 200	多栏式账
合计			118 000	38 000	27 700	183 700	

表 2-5

损益类账户1—11月份累计发生额汇总表

单位:元

账户名称	1—11月份累计发生额	方向	账户名称	1—11月份累计发生额	方向
主营业务收入	44 320 000	贷方	管理费用	5 871 600	借方
营业外收入	380 000	贷方	财务费用	219 900	借方
主营业务成本	21 466 000	借方	营业外支出	2 143 100	借方
税金及附加	424 000	借方	所得税费用	2 345 000	借方
销售费用	5 195 400	借方	本年利润	7 035 000	贷方

2. 基础会计学模拟实验实操用凭证、账页、报表、封皮及相关物品

基础会计学模拟实验实操所需要的：❶空白记账凭证（收、付、转）；❷空白科目汇总表；❸空白库存现金日记账账页（三栏式）；❹空白银行存款日记账账页（三栏式）；❺空白总分类账账页（三栏式）；❻空白明细分类账账页（三栏式、数量金额式、专用多栏式、通用多栏式）；❼封皮（记账凭证、账簿、报表封面和封底，记账凭证装订包角）；❽空白会计报表（资产负债表、利润表）；❾空白总分类账户发生额及余额试算平衡表，在本教材的附录或相关章节中已给出。

基础会计学模拟实验实操除本教材的附录或相关章节中已给出的空白凭证、账页、报表、封皮以外，还需要的物品参见表2-6。

表2-6

基础会计学综合模拟实验用相关物品一览表

序号	物品名称	规格型号	计量单位	数 量	备 注
1	资料盒	320mm×235mm×45mm	盒	1盒/（人、组）	一次性消耗
2	直尺	300mm	把	1把/（人、组）	一次性消耗
3	回形针	小盒	盒	1盒/（人、组）	一次性消耗
4	索引标签（口取纸）	蓝色，10张/小包	张	3张/（人、组）	一次性消耗
		红色，10张/小包	张	3张/（人、组）	一次性消耗
5	胶水（棒）	小瓶	瓶	1瓶/（人、组）	一次性消耗
6	装订线		团（卷）	2卷/班	一次性消耗
7	栓账绳（带）		根	1根/（人、组）	一次性消耗
8	橡皮		块	1块/（人、组）	一次性消耗
9	铅笔		支	1支/（人、组）	一次性消耗
10	小剪刀		把	1把/（人、组）	一次性消耗
11	财会专用笔	红色（0.35mm）	支	1支/（人、组）	一次性消耗
		黑色（0.35mm）	支	1支/（人、组）	一次性消耗
		黑色笔芯（0.35mm）	支	1支/（人、组）	一次性消耗
12	订书针	普通	盒	1盒/班	一次性消耗
13	倒钩铁锥		把	1把/（人、组）	一次性消耗
14	订书机		个	5个/班	实训室配备周转使用
15	凭证打眼机		台	4台/班	实训室配备周转使用
16	会计科目章		盒	10盒/班	实训室配备周转使用
17	公章	直径42mm	个	10个/班	实训室配备周转使用
18	财务专用章	直径40mm	个	10个/班	实训室配备周转使用
19	承前页章		个	1个/（人、组）	实训室配备周转使用
20	转次页章		个	1个/（人、组）	实训室配备周转使用
21	月结章		个	1个/（人、组）	实训室配备周转使用
特别提示：公章及财务专用章的中央刊“实训”或“实验”字样，替换实际工作中该章中央的五角星。					

特别说明：本模拟实验操作，实际需要：❶收款凭证8张，本教材提供12张；❷付款凭证32张，本教材提供40张；❸转账凭证34张，本教材提供44张；❹科目汇总表3张，本教材提供4张；❺明细账账页富余6页；❻总账账页富余5页。注意节约使用。

二、会计凭证的装订及保管

1.整理凭证并加具封面、封底和包角

（1）整理记账凭证（后附原始凭证，且左对齐、上对齐进行粘贴）。将记账凭证分3部分（本）整理在一起：❶第四章上半月会计交易或事项所编制记账凭证；❷第四章下半月会计交易或事项所编制记账凭证；❸第五章成本计算及期末会计事项所编制记账凭证。

（2）凭证排列顺序。对以上3部分（本）记账凭证中的每一部分：❶按照收、付、转的顺序整理；❷对收、付、转记账凭证再按照编号顺序整理；❸在每一部分（本）记账凭证的最前面粘贴该部分记账凭证所编制的科目汇总表。

（3）加具封面和封底。对以上整理好的每本记账凭证：❶将本书附录所给出的3张记账凭证封皮撕下，然后沿裁剪线撕成封面和封底；❷将记账凭证的封面和封底分别加具到整理好的3本记账凭证的前后；❸将本书附录所给出的包角撕下，沿虚线（打孔线）撕成4个十字包角，分别加具到每本的左上角（字朝下）；❹再次整理凭证并以左上角对齐，用铁夹将其紧紧夹住。

2.打眼

在十字包角上以对角线的两点，用装订机从外到里均匀地打两个眼（在包角上已标出），注意不能太靠外以免装订不牢实，也不能太靠里以免不便于翻阅查证。

3.穿线

第一步：将一根长约60cm的装订线分1/4和3/4折叠；

第二步：从里面的那个眼，将倒钩锥子从正面穿出，从背面钩住装订线的折叠处并将其拉出（不要拉透，留出一个活扣），然后压住装订线的短线头，将装订线的长线头翻过来从活扣中穿出并拉紧；

第三步：再次从里面的那个眼，将倒钩锥子从正面穿出，从背面钩住装订线的长线头（折叠并留出穿线余地），然后将其拉出（拉透不留活扣）并拉紧，这样形成第一个十字角；

第四步：从外面的那个眼，将倒钩锥子从背面穿出，从正面钩住装订线的长线头（折叠并留出穿线余地），然后将其拉出（不要拉透，留出一个活扣），将装订线的长线头翻过来从活扣中穿出并拉紧；

第五步：再次从外面的那个眼，从背面将带钩锥子穿出，从正面钩住装订线的长线头（折叠并留出穿线余地），然后将其拉出（拉透不留活扣）并拉紧，这样形成第二个十字角。

4.打结

在凭证的背面，将装订线的两端系上拉紧并打死结，然后用剪刀剪掉多余的线头。

5.封角并盖章

（1）封角。沿着十字包角的斜线折叠翻转露出包角正面，将十字包角的两头，抹上胶水，然后再将包角向下、向右折叠到背面并粘牢，要求包角能将装订线的线头全部覆盖上。

（2）填写凭证脊背。在十字包角翻转折叠粘贴形成的凭证脊背上，填写日期（年和月）、凭证总号起止号数（第几号至第几号）、凭证册序（第几册）和凭证册数（共几册）。

（3）填写封面。在凭证封面上填写起止日期、账册编号（第几册、共几册）；凭证种类、起止号数、凭证张数、附件张数、会计档案的卷宗号及保管年限等。

（4）盖章、归档。装订人员在装订线封签处签名或盖章，然后归档。

三、会计账簿、会计报表的装订及保管

1.整理并装订日记账

❶将本书附录给出的日记账账页（库存现金和银行存款）沿撕裁线撕下并整理在一起；❷将本书附录给出的日记账封面、封底撕下；❸将日记账的封面和封底，加具到日记账的前后并用订书机将其订牢（订本式）；❹按照要求填写封皮并加盖公章。

2.整理并装订明细账

❶将本书附录给出的明细分类账（数量金额式、多栏式、三栏式）空白账页撕下并整理在一起。❷将本书附录所给出的明细账封面、封底撕下。❸将明细账的封面和封底，加具到整理好的明细账的前后并用账绳穿在一起和打结（活页式）。❹按照要求填写封皮（包括目录的科目名称）并加盖公章。❺在年末：首先，应按照顺序编写总号；其次，再对每一总账所属明细账编写分号；最后，填写明细账目录的起始页码。

3.整理并装订总账

❶将本书附录给出的空白总账账页撕下并整理在一起；❷将本书附录所给出的总账封面、封底撕下；❸将总账的封面和封底，加具到整理好的总账账页的前后并用订书机将其订牢（订本式）；❹按照要求填写封皮（包括目录的会计科目名称及账页起始页码）并加盖公章。

4.整理并装订会计报表。

❶将编制完成的会计报表撕下并整理在一起；❷将本书附录所给出的会计报表封面、封底撕下；❸将会计报表的封面和封底，加具到整理好的会计报表的前后并用订书机将其订牢；❹按照要求填写封皮并加盖公章。

5.会计档案的归档

装订人员在装订线封签处签名或盖章，然后归档并存入会计档案室。

第三章　会计交易或事项及类型对应原始凭证的文字表述

业务1：**商业汇票结算方式采购材料。**1日，收到并验收入库11月28日从秋林公司购入的乙材料，收到有关单证，经审核无误后，货款及运费签发付款期限为4个月的商业承兑汇票。

业务2：**钱货两清结算方式采购原材料。**1日，收到并验收入库11月28日从金通公司购入甲、乙两种材料，收到有关单证，经审核无误后同意付款。

业务3：**发出材料，计价采用月末一次加权平均法并于月末汇总登记。**1日，各车间和部门填制标明用途的“领料单”领用材料。

业务4：**同城钱货两清销售产品。**1日，向本市联华公司销售A产品和B产品，货已发出，货款收到转账支票并已送存银行。

业务5：**销售服务——现代服务——文化创意服务——广告服务“营改增”。**3日，开出转账支票支付光明市阳明广告公司广告费。

业务6：**销售购买无形资产——技术——专利技术“营改增”。**3日，开出转账支票，购买本市虹光信息技术公司开发的一套管理软件。

业务7：**在途材料验收入库。**3日，验收入库上月从望海公司购进并已付款的丙材料。

业务8：**产成品入库。**5日，生产车间入库完工产品。

业务9：**公益救济性捐赠。**5日，开具转账支票向光明市红十字会捐款。

业务10：**销售服务——现代服务——文化创意服务——广告服务“营改增”。**5日，开出转账支票支付光明市阳光展览中心展销摊位费。

业务11：**赊购原材料——应付账款。**5日，从鸿运公司购入丙材料，材料已验收入库，承诺下月支付货款。

业务12：**购进不需要安装的机器设备——直接形成固定资产。**7日，收到12月5日从广州市重型机械公司购入不需要安装的HT98型机床5台，直接交付车间使用。

业务13：**商业承兑汇票结算方式销售。**7日，向明远公司销售商品，货已发出。收到对方签发的商业承兑汇票。

业务14：**销售服务——生活服务——餐饮住宿服务——餐饮服务“营改增”。**7日，开出转账支票，与光明市鸿明大酒店结算餐饮费。

业务15：**发放上月工资——由银行代发。**7日，根据上月“应付工资费用分配汇总表”发放上月职工工资，通过网银由银行代发，转入职工个人工资账户。

业务16：**有关税费的实际缴纳。**9日，据实预交上月应纳所得税；缴纳上月未交增值税、应交城建税和教育费附加。

业务17：**购进需要安装的机器设备——直接交付安装，先计入在建工程。**9日，收到12月6日从西安市重型机械厂购入生产线工程用设备（BN69型机床）2台，直接交付安装。

业务18：**偿付到期商业承兑汇票款。**9日，收款单位秋林公司托收到期商业承兑汇票款，经审核无误，同意并已通过银行付讫。

业务19：**用于生产经营周转的短期借款。**9日，与中国工商银行光明支行签订短期借款合同，为生产经营周转从银行取得短期借款，年利率7.2%，按照季度结算利息。

业务20：**固定资产修理——费用化支出——直接记入“管理费用”账户，销售服务——建筑服务——修缮服务“营改增”。**11日，与光明市方正建筑公司结算车间房屋修缮款项，开出转账支票支付。

业务21：**报销差旅费——销售服务——生活服务——餐饮住宿服务——住宿服务“营改增”。**11日，报销差旅费并交回余款现金，结清原借款。

业务22：**通过银行收回应收账款。**13日，收到金花公司前欠的货款。

业务23：**发出材料，计价采用月末一次加权平均法并于月末汇总登记。**13日，各车间和部门填制标明用途的“领料单”领用材料。

业务24：**提现备用。**13日，开出现金支票，从银行提取现金6 000元。

业务25：**收到托收的到期商业承兑汇票款。**13日，银行转来“托收凭证（收账通知）”，为明远公司偿付到期商业承兑汇票款。

业务26：**报销购买办公用品款，各车间、部门直接领用。**13日，办公室报销各车间、部门直接领用的办公用品，经审核无误，以现金付讫。

业务27：**遵守现金结算纪律，将超过银行核定的库存现金限额的部分送存银行。**13日，将当日超过库存现金定额2 000元的部分送存银行。

业务28：**无法支付的应付账款，不满足负债确认的条件。**15日，经确认唐山华远钢铁厂已于1年前破产清算完毕，将应付货款确认为营业外收入。

业务29：**发出材料，计价采用月末一次加权平均法并于月末汇总登记。**15日，生产车间填制标明用途的“领料单”领用材料。

特别提示：编制完第29笔业务的记账凭证后，应编制第一张“科目汇总表”（上半月第1—29笔业务）。

业务30：**销售服务——建筑服务——安装服务“营改增”及工程完工达到预定可使用状态——形成固定资产。**17日，生产线工程完工，与本市晋源安装公司结算工程款项，开出转账支票支付。

业务31：**赊购材料——应付账款。**17日，从本市清流公司购入丙材料，材料已验收入库，经协商货款承诺于下月支付。

业务32：**产成品入库。**17日，生产车间入库完工产品。

业务33：**赊销——应收账款。**19日，采用赊销方式向宏图公司销售商品，货已发出并由对方自提，货款对方承诺下月支付。

业务34：**商业承兑汇票购进原材料——应付票据。**19日，向秋林公司购进乙材料，材料已验收入库，经审核无误，签发并承兑商业承兑汇票。

业务35：**销售服务——电信服务——基础电信服务“营改增”。**19日，办公室报销总经理移动电话费，经审核无误，以现金付讫。

业务36：**商业承兑汇票销售——应收票据。**19日，采用商业承兑汇票结算方式向明远公司销售商品，货已发出，收到对方签发并承兑的商业承兑汇票。

业务37：**缴纳增值税。**19日，通过中国工商银行电子缴税付款平台缴纳本月1—15日应交增值税。

业务38：**冲销预付账款结算方式购进，预付金额与实际结算金额的差额，保留在“预付账款”账户。**19日，采用预付账款方式向远程公司购进甲材料，材料已验收入库，货款冲销前已预付的货款，预付货款不足的部分留待下次结算。

业务39：**通过银行偿还前欠货款。**19日，签发转账支票，偿还前欠本市鸿运公司的货款。

业务40：**购买支票，银行直接扣除工本费。**19日，购买现金支票和转账支票各1本，开户银行将从该公司的账户中扣除工本费。

业务41：**通过“其他应付款”账户，对费用结算期和月度会计期间不一致进行过渡。**21日，银行转来供水公司托收上月21日至本月20日水费的付款通知。

业务42：**销售服务——金融服务——贷款服务“营改增”。**21日，收到银行短期借款利息付款通知单，收取本季度（9月21日至12月20日）的贷款利息。

业务43：**销售服务——金融服务——贷款服务“营改增”。**21日，收到中国工商银行计付存款利息单（收账通知），收到本季度（9月21日至12月20日）的活期存款利息收入。

业务44：**通过“其他应付款”账户，对费用结算期和月度会计期间不一致进行过渡。**21日，银行转来供电公司托收上月21日至本月20日电费的付款通知。

业务45：**委托收款结算销售——应收账款。**23日，采用委托收款结算方式向金花公司销售商品，由对方委托光明市顺风物流公司运输，货物已发出，并于当日办妥托收手续。

业务46：**发出材料，计价采用月末一次加权平均法并于月末汇总登记。**23日，生产车间填制标明用途的“领料单”领用材料。

业务47：**收到托收的到期商业承兑汇票款。**23日，银行转来“托收凭证（收账通知）”，为明远公司偿付到期商业承兑汇票款。

业务48：**销售服务——生活服务——教育医疗服务——医疗服务“营改增”。**25日，通过银行支付职工体检费，收到对方开具的增值税普通发票，经审核无误同意付款，开具转账支票。

业务49：**购货方预付货款。**25日，收到开户银行转来的电汇凭证（收账通知），系新强公司预付购货款。

业务50：**销售服务——交通运输服务——陆路运输服务——其他陆路运输服务“营改增”。**25日，通过银行支付销售运费，收到对方开具的增值税专用发票，经审核无误同意付款，开具转账支票。

业务51：**产成品入库。**25日，生产车间入库完工产品。填制“产品入库单”，注明实收A产品200台、B产品200台。

业务52：**购进原材料，发票账单已到，经审核无误同意付款，材料在途。**27日，向望海公司购进甲材料的发票账单已到，经审核无误同意付款，但材料尚未到达。

业务53：**提现备用。**27日，开出现金支票，从银行提取现金。

业务54：**鲍巩英出差借现金。**27日，职工鲍巩英填制“借款单”出差借款，经审核同意以现金付讫。

业务55：**购买印花税票。**27日，报销购买印花税票款，以库存现金付讫。提示：借记“税金及附加”账户，贷记“库存现金”账户。

业务56：**冲销预收货款销售。**29日，采用预收货款结算方式向通宝公司销售商品，货物由对方自提，全部款项冲销预收账款，余款下次销售时结算。

业务57：**偿还短期借款。**31日，偿还到期银行短期借款。

业务58：**预付购货款。**31日，按照合同规定预付希望公司货款，经审核同意付款，填制“电汇凭证（回单）”，同时，银行扣除汇兑手续费。

特别提示：账务处理到第58笔业务为止，应编制第二张“科目汇总表”（下半月第30—58笔业务）。

业务59：**采用月末一次加权平均法，进行材料费用的归集与分配。**月末，按照月末一次加权平均法计算本月发出原材料的加权平均单价，然后汇总“领料单”编制“发料凭证汇总表”，进行材料费用的归集与分配。

业务60：**工资费用的分配与结转。**月末，根据考勤记录（略），分车间、部门和用途，编制“应付工资费用分配汇总表”，分配并结转工资费用。

业务61：**职工福利费的分配与结转。**月末，根据“应付工资费用分配汇总表”提供的工资总额，按照14%的比例计算并编制“职工福利费计提表”，分配并结转职工福利费。

业务62：**分配并结转水费和电费。**月末，根据各部门用水量和用电量统计记录（略）和单价，编制“水电费用计算分配表”，分配并结转水费和电费。

业务63：**计提并结转折旧费用。**月末，根据月初固定资产原值和确定的折旧率，计算并编制“固定资产折旧计算汇总表”，计提并结转固定资产折旧费用。

业务64：**归集、分配并结转制造费用。**月末，根据“制造费用明细账”所归集的费用总额（借方发生额），按照成本计算对象（各产品）生产工人工资的比例，计算并编制“制造费用分配表”，进行制造费用的分配与结转。

业务65：**计算并结转完工产品成本。**月末，根据“生产成本明细账”所记录的生产费用总额（月初在产品成本与本月发生的生产费用之和），扣除采用“定额成本法”计算的月末在产品成本（定额成本），结合“产品入库单”提供的完工数量，分成本项目编制“产品成本计算表”，计算并结转完工产品成本。

业务66：**采用月末一次加权平均法，计算并结转已销产品成本。**月末，根据“库存商品”明细账的期初结存（数量、金额）和本期收入（数量、金额），计算本月已销产品的加权平均单价，结合“产品出库单”提供的数量，编制“主营业务成本计算表”并结转已销产品成本。

业务67：**计算并结转应交增值税、转出未交增值税。**月末，根据“应交税费——应交增值税”明细账的有关专栏，计算并填制“应纳增值税及转出未交增值税计算表”，结转转出未交增值税。

业务68：**计算并结转应交城建税和教育费附加。**月末，根据本月应纳增值税税额（本实训未涉及消费税业务），按照法定税费率计算本月应纳城建税和教育费附加，编制“税金及附加计算表”，结转税金及附加。

业务69：**计提并结转本月短期借款利息。**月末，根据“短期借款”所属明细账的期初余额、期末余额和规定的借款利率，计算并填制本月“银行借款利息计提表”，计算并结转本月短期借款利息费用。

业务70：**计提并结转无形资产摊销。**月末，根据“无形资产”账户及其所属明细账户记录的原值，按照规定的摊销年限，计算并编制“无形资产摊销计提表”，结转无形资产摊销。提示：与固定资产计提折旧相反，本月增加的无形资产要计提摊销额，本月减少的无形资产不计提摊销额。

业务71：**“账结法”下结转损益类账户余额至“本年利润”账户。**月末，根据本月各收入类账户的贷方发生额和费用类账户的借方发生额，填制“本月损益类账户发生额汇总表”，结转损益类账户发生额至“本年利润”账户。

业务72：**所得税的年终汇算清缴。**年末，根据“损益类账户1—11月份累计发生额汇总表”和“本月损益类账户发生额汇总表”，填制“企业所得税汇算清缴计算表”，计算并结转本年度应补缴企业所得税；同时结转所得税费用至“本年利润”账户。企业所得税据实预交与年终汇算清缴方法：❶按照企业所得税税法的规定，企业所得税采取“按年计算、分期（按月或按季）据实（会计利润额）预交、年终汇算清缴”。❷企业所得税年终汇算清缴，一般是在下年度的3～4月份进行，为使本教材的内容更加丰富，提前进行企业所得税的年终汇算清缴。❸企业所得税年终汇算清缴，应在会计利润（利润总额）的基础上，按照企业所得税法的规定进行纳税调整，确定应税所得额。本教材为简化核算，将本年度的利润总额视同于应税所得额，不进行任何调整。

业务73：**利润分配。**年末，按照《中华人民共和国公司法》的规定和董事会的决定进行利润分配，包括提取法定盈余公积和向投资者分配利润。公司的利润分配方案一般是在下年度的3～4月份确定，为使本教材的内容更加丰富，提前确定或公告公司利润分配方案。

业务74：**计算并结转未分配利润。**年末，结转净利润和已分配利润，计算并结转未分配利润。

特别提示：账务处理到第74笔业务为止，应编制第三张“科目汇总表”（第59—74笔业务）。

业务75：**结账与编制总分类账户发生额及余额试算平衡表。**账务处理要求与提示：❶对所有总账和明细账进行本期发生额和期末余额计算的“结账”（先用铅笔进行草结），然后，按照平行登记的要求进行总账和明细账核对。❷根据所有总账的记录编制“总分类账户发生额及余额试算平衡表”。❸在试算平衡的基础上，对所有的总分类账户进行月度结账和年度结账并划线封账。

业务76：**编制“资产负债表”。**账务处理要求与提示：根据“总分类账户发生额及余额试算平衡表”的“期末余额”栏的数字，结合有关明细账的期末余额，采用“直接填列法”和“分析填列法”填列“资产负债表”的“期末余额”栏。

业务77：**编制年度“利润表”。**账务处理要求与提示：根据“总分类账户发生额及余额试算平衡表”有关损益类账户的“本期发生额”栏金额和1~11月份损益类账户累计发生额，结合有关明细账的发生额，填列年度“利润表”各项目的“本期金额”栏。

第四章　日常会计交易或事项的账务处理

日常会计交易或事项是指本月发生的除成本计算、期末会计事项和会计报表编制外的会计交易或事项。

根据企业会计核算的基本岗位设置及职责，结合该企业采用“科目汇总表核算形式”的要求，日常会计交易或事项的账务处理流程和要求如下：

（1）审核会计交易或事项（原始凭证）。审核员（会计主管）接到外来或自制的原始凭证后：❶对其进行合法性、合规性、合理性审核并签署审核意见；❷按照业务顺序将审核无误的各个原始凭证按照裁剪线进行撕裁并传递给制单会计。

（2）编制记账凭证。制单会计对经审核员（会计主管）审核无误的原始凭证：❶在空白记账凭证上编制会计分录并在记账凭证的“制单”处签名或盖章（提示：车间或部门领用材料的业务和产成品入库业务，不编制记账凭证）；❷将原始凭证粘贴在已填制完成的记账凭证后面，并将其传递给审核员（会计主管）；❸记账凭证右上角的编号：总号填写业务序号，分号分别“收”“付”“转”按照顺序编写。（提示：日常会计事项或交易需要编制收款凭证8张、付款凭证32张、转账凭证34张）

（3）登记库存现金和银行存款日记账。出纳员接到审核员（会计主管）审核无误的收款凭证和付款凭证后：❶根据记账凭证逐日、逐笔登记库存现金日记账和银行存款日记账；❷在每一日最后一笔收付款业务登记完毕后，按日对日记账进行本日合计并结出余额。（提示：由于本教材的库存现金收付款业务较少，可略去这一步骤）

（4）登记明细账。记账会计根据审核无误的记账凭证和有关原始凭证登记有关明细账，其中：❶“原材料明细账”的登记依据为收料单和领料单，“凭证字号”栏的“字”应填写“收”字或“领”字，“凭证字号”栏的“号”应填写收料单和领料单右上角的编号；❷“库存商品明细账”的登记依据为产品入库单和产品出库单，“凭证字号”栏的“字”应填写“入”字或“出”字，“凭证字号”栏的“号”应填写产品入库单和产品出库单右上角的编号；❸“原材料明细账”和“库存商品明细账”应逐笔结出结存数量；❹其余明细账的登记依据为记账凭证，“凭证字号”栏应填写记账凭证右上角的编号（分号），分别为：收1、收2、……；付1、付2、……；转1、转2、……。

（5）编制“科目汇总表”。本企业分上半月和下半月编制“科目汇总表”，当每半月的日常会计交易或事项填制完记账凭证后，主管会计应对其记账凭证进行汇总，编制“科目汇总表”。

（6）登记总分类账。记账会计根据“科目汇总表”登记总分类账。其中：❶凭证字号为：科汇1、科汇2、……；❷在总分类账的“摘要”栏应分别填写：“上半月发生额”和“下半月发生额”字样。

2×18年12月份发生的日常会计交易或事项，见业务1—业务58所给出的原始凭证。

业务 1-5-1

光明市永春机械公司 报账（付款）审批单

部门：供销科　　　　2×18年12月1日

经手人	鲍巩英	事由	购进材料并签发商业汇票
项目名称	金额（元）	付款（结算）方式	备注
购进乙材料	136 400.00	商业承兑汇票	对方代垫运费
合　计	136 400.00		
单位负责人审批	财务主管	部门领导	出纳员
同意。 李永春	同意。 钱一凡	同意。 卜发愁	张理财

附单据 4 张

业务 1-5-2

广东增值税专用发票

发票联（全国统一发票监制章 国家税务总局监制）

No 15452166

5101184130　　　　开票日期：2×18年11月28日

购买方	名称：光明市永春机械公司 纳税人识别号：91310040213456070M 地址、电话：光明市建设路68号 98706543 开户行及账号：工商银行光明市支行 230045006				密码区	（略）		
货物或应税劳务、服务名称	规格型号	单位	数量	单价	金额	税率	税额	
乙材料		千克	2 000	55.00	110 000.00	16%	17 600.00	
合　计					¥110 000.00		¥17 600.00	
价税合计（大写）	⊗壹拾贰万柒仟陆佰元整					（小写）	¥127 600.00	
销售方	名称：广州市秋林机械公司 纳税人识别号：91510206316453201A 地址、电话：广州市天明路36号 56089420 开户行及账号：工商银行天明路办事处 382246790				备注			

收款人：黄来才　　复核：　　开票人：刘大科　　销售方（章）

（印章：商业承兑汇票；广州市秋林机械公司 91510206316453201A 发票专用章）

第三联 发票联 购买方记账凭证

业务 1-5-3

广东增值税专用发票

发票联（全国统一发票监制章 广东省 国家税务总局监制）

No 15453755

5101184130　　　　开票日期：2×18年11月28日

购买方	名称：光明市永春机械公司 纳税人识别号：91310040213456070M 地址、电话：光明市建设路68号 98706543 开户行及账号：工商银行光明市支行 230045006				密码区	（略）		
货物或应税劳务、服务名称	规格型号	单位	数量	单价	金额	税率	税额	
运费		吨公里	10 000	0.80	8 000.00	10%	800.00	
合　计					¥8 000.00		¥800.00	
价税合计（大写）	⊗捌仟捌佰元整					（小写）	¥8 800.00	
销售方	名称：广州市前进物流公司 纳税人识别号：91510106316783240A 地址、电话：广州市广发路55号 56089999 开户行及账号：工商银行天明路办事处 382246792				备注	广州—光明，乙材料		

收款人：刘玉方　　复核：　　开票人：黄大春　　销售方（章）

（印章：广州市前进物流公司 91510106316783240A 发票专用章）

第三联 发票联 购买方记账凭证

业务 1-5-4

光明市永春机械公司　收料单

编号：101

供货单位：广州市秋林机械公司　　　　2×18年12月1日　　　　仓库：原料库

材料类别	材料编号	名称及规格	计量单位	数量		实际成本（元）			
				应收	实收	发票价格	采购费用	合计	单价
（略）	（略）	乙材料	千克	2 000	2 000	110 000	8 000	118 000	59.00
合　计									

二　财务联

供销主管：卜发愁　　保管员：特认真　　记账：高桂格　　制单：艾志丹

业务 1-5-5

商业承兑汇票　2

出票日期（大写）：贰×壹捌年壹拾贰月零壹日　　　　00800392

付款人			收款人		
付款人	全　称	光明市永春机械公司	收款人	全　称	广州市秋林机械公司
	账　号	230045006		账　号	382246790
	开户行	工商银行光明市支行		开户行	工商银行天明路办事处
出票金额		人民币（大写）壹拾叁万陆仟肆佰元整	亿 千 百 十 万 千 百 十 元 角 分		¥ 1 3 6 4 0 0 0 0
汇票到期日（大写）		贰×壹玖年零肆月零壹日	付款人开户行	行号	105603000606
交易合同号码				地址	光明市建设路180号

本汇票已经承兑，到期无条件付款。　承兑人签章　承兑日期：2×18年12月

本汇票请予以承兑，并于到期日付款。　出票人签章

此联持票人开户行随托收凭证寄付款人开户行作借方凭证附件

复印件与原件核对一致

李春永印

光明市永春机械公司 财务专用章

业务 2-5-1

光明市永春机械公司　报账（付款）审批单

部门：供销科　　　　2×18年12月1日

经手人	鲍巩英	事由	支付金通机械公司货款
项目名称	金额（元）	付款（结算）方式	备注
材料采购	988 500.00	委托收（付）款	
合　计	988 500.00		
单位负责人审批	财务主管	部门领导	出纳员
同意。李永春	同意。钱一凡	同意。卜发愁	张理财

附单据 4 张

业务2-5-2

山西增值税专用发票

1401188130　　　　发票联　　　　№ 15452967

开票日期：2×18年11月28日

购买方	名称：光明市永春机械公司 纳税人识别号：91310040213456070M 地址、电话：光明市建设路68号 98706543 开户行及账号：工商银行光明市支行 230045006			密码区	（略）		
货物或应税劳务、服务名称	规格型号	单位	数量	单价	金额	税率	税额
甲材料		千克	5 000	100.00	500 000.00	16%	80 000.00
乙材料		千克	6 000	50.00	300 000.00	16%	48 000.00
合计					¥800 000.00		¥128 000.00
价税合计（大写）	⊗玖拾贰万捌仟元整				（小写）¥928 000.00		
销售方	名称：太原市金通机械公司 纳税人识别号：91140106315853205A 地址、电话：太原市府东街88号 7808900 开户行及账号：工商银行府东街办事处 246790025			备注	太原市金通机械公司 91140106315853205A 发票专用章		

收款人：李来发　　复核：　　开票人：郭有理　　销售方（章）

第三联　发票联　购买方记账凭证

业务2-5-3

山西增值税专用发票

1401188130　　　　发票联　　　　№ 15442650

开票日期：2×18年11月28日

购买方	名称：光明市永春机械公司 纳税人识别号：91310040213456070M 地址、电话：光明市建设路68号 98706543 开户行及账号：工商银行光明市支行 230045006			密码区	（略）		
货物或应税劳务、服务名称	规格型号	单位	数量	单价	金额	税率	税额
甲材料运费		吨公里	31 250	0.80	25 000.00	10%	2 500.00
乙材料运费		吨公里	37 500	0.80	30 000.00	10%	3 000.00
合计					¥55 000.00		¥5 500.00
价税合计（大写）	⊗陆万零伍佰元整				（小写）¥60 500.00		
销售方	名称：太原市茂源物流公司 纳税人识别号：91140206316783240A 地址、电话：太原市平阳路66号 5608123 开户行及账号：工商银行太原市分行 240046806			备注	太原－光明，甲材料、乙材料 太原市茂源物流公司 91140206316783240A 发票专用章		

收款人：刘方华　　复核：　　开票人：王春天　　销售方（章）

第三联　发票联　购买方记账凭证

业务2-5-4

光明市永春机械公司　收料单

编号：102

供货单位：太原市金通机械公司　　2×18年12月1日　　仓库：原料库

材料类别	材料编号	名称及规格	计量单位	数量		实际成本（元）			
				应收	实收	发票价格	采购费用	合计	单价
（略）	（略）	甲材料	千克	5 000	5 000	500 000	25 000	525 000	105.00
		乙材料	千克	6 000	6 000	300 000	30 000	330 000	55.00
合计						800 000	55 000	855 000	

二　财务联

供销主管：卜发愁　　保管员：特认真　　记账：高桂格　　制单：艾志丹

业务 2-5-5

中国工商银行 托收凭证（付款通知） 5

委托日期 2×18年11月28日　　付款期限 2×18年12月1日

业务类型	委托收款（☑邮划、☐电划）　托收承付（☐邮划、☐电划）					
付款人 全称	光明市永春机械公司		收款人 全称	太原市金通机械公司		
账号	230045006		账号	246790025		
地址	省光明市/县	开户行 工行光支	地址	山西省太原市/县	开户行 工行府东办	
金额 人民币（大写）	玖拾捌万捌仟伍佰元整		千 百 十 万 千 百 十 元 角 分	¥ 9 8 8 5 0 0 0 0		
款项内容	货款	托收凭据名称	增值税专用发票	附寄单证张数	4	
商品发运情况			合同名称号码			
备注： 复核　记账	付款人开户银行签章 （中国工商银行光明市支行 2×18年12月01日 转讫） 2×18年12月1日		付款人注意： 1.根据支付结算办法，上列委托收款（托收承付）款项在付款期限内未提出拒付，即视为同意付款，以此代付款通知。 2.如需提出全部或部分拒付，应在规定期限内，将拒付理由书并附债务证明退交开户银行。			

此联是付款人开户银行给付款人的按期付款通知

业务 3-3-1

光明市永春机械公司 领料单

领料单位：生产车间　　2×18年12月1日　　编号：201　仓库：原料库

材料类别	材料编号	名称及规格	计量单位	数量 请领	数量 实发	单价	金额	领料用途
（略）	（略）	甲材料	千克	1 400	1 400			生产A产品
		乙材料	千克	1 240	1 240			
		丙材料	千克	1 400	1 400			

二 财务联

车间主管：高安全　保管员：特认真　记账：高桂格　制单：艾志丹

业务 3-3-2

光明市永春机械公司 领料单

领料单位：生产车间　　2×18年12月1日　　编号：202　仓库：原料库

材料类别	材料编号	名称及规格	计量单位	数量 请领	数量 实发	单价	金额	领料用途
（略）	（略）	甲材料	千克	1 500	1 500			生产B产品
		乙材料	千克	2 600	2 600			

二 财务联

业务提示

车间主管：高安全　保管员：特认真　记账：高桂格　制单：艾志丹

业务3-3-3

光明市永春机械公司　领料单

编号：203

领料单位：供销科　　2×18年12月1日　　仓库：原料库

材料类别	材料编号	名称及规格	计量单位	数量		单价	金额	领料用途
				请领	实发			
（略）	（略）	丙材料	千克	1 400	1 400			产品销售包装

二 财务联

车间主管：高安全　　保管员：特认真　　记账：高桂格　　制单：艾志丹

业务4-3-1

光明增值税专用发票

№ 15452152

3102184130　　此联不作报销、扣税凭证使用　　开票日期：2×18年12月1日

购买方	名　称：光明市联华机械公司 纳税人识别号：91310020314956839A 地址、电话：光明市华光路12号 29670384 开户行及账号：工商银行北海办事处 230086005	密码区	（略）				
货物或应税劳务、服务名称	规格型号	单位	数量	单价	金额	税率	税额
A产品		台	200	6 000.00	1 200 000.00	16%	192 000.00
B产品		台	155	4 000.00	620 000.00	16%	99 200.00
合　计					¥1 820 000.00		¥291 200.00
价税合计（大写）	⊗贰佰壹拾壹万壹仟贰佰元整				（小写）¥2 111 200.00		
销售方	名　称：光明市永春机械公司 纳税人识别号：91310040213456070M 地址、电话：光明市建设路68号 98706543 开户行及账号：工商银行光明市支行 230045006	备注					

第一联 记账联 销售方记账凭证

收款人：王进勇　　复核：　　开票人：刘富民　　销售方（章）

业务4-3-2

ICBC 中国工商银行　进账单　（收账通知）　3

2×18年12月1日

出票人	全称	光明市联华机械公司	收款人	全称	光明市永春机械公司
	账号	230086005		账号	230045006
	开户银行	工行北海办事处		开户银行	工行光明市支行
金额	人民币（大写）	贰佰壹拾壹万壹仟贰佰元整			亿 千 百 十 万 千 百 十 元 角 分 ¥ 2 1 1 1 2 0 0 0 0
票据种类	转账支票	票据张数	1		
票据号码	15025486			收款人开户银行签章	
	复核　　记账				

此联是收款人开户银行交给收款人的收账通知

业务 4-3-3

光明市永春机械公司 产品出库单

购买方：联华机械公司　　2×18年12月1日　　仓库：成品库　编号：401

产品编号	规格	产品名称	计量单位	数量 应发	数量 实发	单位成本	金额	备注
（略）	（略）	A产品	台	200	200			
		B产品	台	155	155			

二 财务联

供销主管：卜发愁　保管员：甄仔细　记账：高桂格　制单：严尧秋

业务 5-3-1

光明市永春机械公司 报账（付款）审批单

部门：办公室　　2×18年12月3日

经手人	焦吉华	事由	支付广告费
项目名称	金额（元）	付款（结算）方式	备注
广告费	53 000.00	转账支票	
合　计	53 000.00		
单位负责人审批	财务主管	部门领导	出纳员
同意。李永春	同意。钱一凡	同意。赵婉茹	张理财

附单据 2 张

业务 5-3-2

光明增值税专用发票

No 15453864

3102184130　　发票联（全国统一发票监制章 国家税务总局监制）

开票日期：2×18年12月3日

购买方	名　称：光明市永春机械公司 纳税人识别号：91310040213456070M 地址、电话：光明市建设路68号 98706543 开户行及账号：工商银行光明市支行 230045006
密码区	（略）

货物或应税劳务、服务名称	规格型号	单位	数量	单价	金额	税率	税额
广告费		m²	100	500.00	50 000.00	6%	3 000.00
合　计					¥50 000.00		¥3 000.00
价税合计（大写）	⊗伍万叁仟元整					（小写）	¥53 000.00

销售方	名　称：光明市阳明广告公司 纳税人识别号：91310206318853206A 地址、电话：光明市奉化街20号 78029160 开户行及账号：工商银行奉化街办事处 246790025
备注	光明市阳明广告公司 91310206318853206A 发票专用章

第三联 发票联 购买方记账凭证

收款人：赵发才　复核：　开票人：常有礼　销售方（章）

业务5-3-3

ICBC 中国工商银行 转账支票存根

支票号码18203130

附加信息

出票日期：2×18年12月3日

收款人：	光明市阳明广告公司
金额：	53 000.00
用途：	支付广告费

单位主管：李永春　　会计：高桂格

业务6-3-1

光明市永春机械公司 报账（付款）审批单

部门：办公室　　2×18年12月3日

经手人	焦吉华	事由	支付购买软件款
项目名称	金额（元）	付款（结算）方式	备注
无形资产	190 800.00	转账支票	
合　计	190 800.00		
单位负责人审批	财务主管	部门领导	出纳员
同意。李永春	同意。钱一凡	同意。赵婉茹	张理财

附单据2张

业务6-3-2

光明增值税专用发票

发票联

No 15453800

3102184130　　开票日期：2×18年12月3日

购买方	名称：光明市永春机械公司 纳税人识别号：91310040213456070M 地址、电话：光明市建设路68号 98706543 开户行及账号：工商银行光明市支行 230045006			密码区	（略）		
货物或应税劳务、服务名称	规格型号	单位	数量	单价	金额	税率	税额
管理软件		套	1	180 000.00	180 000.00	6%	10 800.00
合　计					¥180 000.00		¥10 800.00
价税合计（大写）	⊗壹拾玖万零捌佰元整				（小写）¥190 800.00		
销售方	名称：光明市虹光信息技术公司 纳税人识别号：91310038259060214A 地址、电话：光明市桃园路154号 66880721 开户行及账号：工商银行桃园路办事处 234790022			备注			

第三联 发票联 购买方记账凭证

收款人：王国华　　复核：　　开票人：黄修远　　销售方（章）

（印章：光明市虹光信息技术公司 91310038259060214A 发票专用章）

业务6-3-3

ICBC 中国工商银行 转账支票存根

支票号码 18203131

附加信息

出票日期：2×18年12月3日

收 款 人：	光明市虹光信息技术公司
金　　额：	190 800.00
用　　途：	支付购买软件款

单位主管：李永春　　会计：高桂格

(印章：光明市永春……财务专……)

业务7

光明市永春机械公司　收料单

编号：103

供货单位：广州市望海机械公司　　2×18年12月3日　　仓库：原料库

材料类别	材料编号	名称及规格	计量单位	数量		实际成本（元）			
				应收	实收	发票价格	采购费用	合计	单价
（略）	（略）	丙材料	千克	1 000	1 000	86 000	2 000	88 000	88.00
合　计									

（印章：在途材料验收入库）

二 财务联

供销主管：卜发愁　保管员：特认真　记账：高桂格　制单：艾志丹

业务8

光明市永春机械公司　产品入库单

仓库：成品库

交库单位：生产车间　　2×18年12月5日　　编号：301

产品编号	规格	产品名称	计量单位	数量		单位成本	总成本	备　注
				送检	实收			
（略）	（略）	A产品	台	300	300			完工入库
		B产品	台	400	400			

二 财务联

车间主管：高安全　保管员：甄仔细　记账：高桂格　制单：严尧秋

业务 9-3-1

光明市永春机械公司 报账（付款）审批单

部门：办公室　　　　2×18年12月5日

经手人	焦吉华	事由	红十字会抗洪救灾捐款
项目名称	金额（元）	付款（结算）方式	备注
公益救济性捐赠	19 100.00	转账支票	
合　计	19 100.00		
单位负责人审批	财务主管	部门领导	出纳员
同意。 李永春	同意。 钱一凡	同意。 赵婉茹	张理财

附单据 2 张

业务 9-3-2

光明市行政事业单位收款收据

收据联

收据代码 31000002

收据号码 34502800

单位或个人名称：光明市永春机械公司　　　　2×18年12月5日

项　目	单　位	数　量	收费标准	百	十	万	千	百	十	元	角	分	备　注
抗洪救灾捐款						1	9	1	0	0	0	0	
合计金额：人民币（大写）壹万玖仟壹佰元整					¥	1	9	1	0	0	0	0	

②收据联

光明市红十字会 91310010987667375A 发票专用章

收款单位：（章）　　开票人：赵大明　　收款人：王爱红

业务 9-3-3

ICBC 中国工商银行 转账支票存根

支票号码 18203132

附加信息

出票日期：2×18年12月5日

收款人：	光明市红十字会
金　额：	19 100.00
用　途：	捐赠抗洪救灾

单位主管：李永春　　会计：高桂格

业务 10-3-1

光明市永春机械公司 报账（付款）审批单

部门：办公室　　　　2×18年12月5日

经手人	焦吉华	事由	支付展销摊位费
项目名称	金额（元）	付款（结算）方式	备注
销售费用	21 200.00	转账支票	
合　计	21 200.00		
单位负责人审批	财务主管	部门领导	出纳员
同意。 李永春	同意。 钱一凡	同意。 赵婉茹	张理财

附单据 2 张

业务 10-3-2

光明增值税专用发票

发票联

No 15453809

3102184130　　　　开票日期：2×18年12月5日

购买方	名　　称：光明市永春机械公司 纳税人识别号：91310040213456070M 地 址、电 话：光明市建设路68号 98706543 开户行及账号：工商银行光明市支行 230045006			密码区	（略）		
货物或应税劳务、服务名称	规格型号	单位	数　量	单　价	金　额	税率	税　额
展销摊位费		个	5	4 000.00	20 000.00	6%	1 200.00
合　计					¥20 000.00		¥1 200.00
价税合计（大写）	⊗贰万壹仟贰佰元整				（小写）¥21 200.00		
销售方	名　　称：光明市阳光展览中心 纳税人识别号：91310206318853008A 地 址、电 话：光明市中华街1号 80291610 开户行及账号：建设银行光明市分行 560046220			备注	光明市阳光展览中心 91310206318853008A 发票专用章		

收款人：王发明　　复核：　　开票人：艾卓玛　　销售方（章）

第三联 发票联 购买方记账凭证

业务 10-3-3

ICBC 中国工商银行 转账支票存根

支票号码 18203133

附加信息

出票日期：2×18年12月5日

收 款 人：	光明市阳光展览中心
金　　额：	21 200.00
用　　途：	展销摊位费

单位主管：李永春　　会计：高桂格

业务 11-2-1

光明市永春机械公司　收料单

编号：104

供货单位：光明市鸿运机械公司　　2×18年12月5日　　仓库：原料库

材料类别	材料编号	名称及规格	计量单位	数量		实际成本（元）			
				应收	实收	发票价格	采购费用	合计	单价
（略）	（略）	丙材料	千克		1 000	90 000		90 000	90.00
合　计									

二 财务联

供销主管：卜发愁　　保管员：特认真　　记账：高桂格　　制单：艾志丹

业务 11-2-2

光明增值税专用发票

No 15453821

3102184130　　发票联　　开票日期：2×18年12月5日

购买方	名　　称：光明市永春机械公司 纳税人识别号：91310040213456070M 地 址、电 话：光明市建设路68号 98706543 开户行及账号：工商银行光明市支行 230045006				密码区	（略）	
货物或应税劳务、服务名称	规格型号	单位	数　量	单　价	金　额	税率	税　额
丙材料		千克	1 000	90.00	90 000.00	16%	14 400.00
合　计					¥90 000.00		¥14 400.00
价税合计（大写）	⊗壹拾万肆仟肆佰元整					（小写）	¥104 400.00
销售方	名　　称：光明市鸿运机械公司 纳税人识别号：91310206314853260A 地 址、电 话：光明市大同街20号 98029160 开户行及账号：建设银行光明分行 560046120				备注	光明市鸿运机械公司 91310206314853260A 发票专用章	

第三联 发票联 购买方记账凭证

货款未付

收款人：夏建国　　复核：　　开票人：徐杨帆　　销售方（章）

业务 12-4-1

光明市永春机械公司　报账（付款）审批单

部门：办公室　　2×18年12月7日

经手人	焦吉华	事由	支付购买机床款
项目名称	金额（元）	付款（结算）方式	备注
固定资产	477 920.00	委托收（付）款	直接交付车间使用，运费由销货方负担
合　计	477 920.00		
单位负责人审批	财务主管	部门领导	出纳员
同意。李永春	同意。钱一凡	同意。赵婉茹	张理财

附单据3张

业务 12-4-2

广东增值税专用发票

发票联

5102184130　　№ 15463860

开票日期：2×18年12月4日

购买方	名称：光明市永春机械公司 纳税人识别号：91310040213456070M 地址、电话：光明市建设路68号 98706543 开户行及账号：工商银行光明市支行 230045006				密码区	（略）		
货物或应税劳务、服务名称		规格型号	单位	数量	单价	金额	税率	税额
机床		HT98型	台	5	82 400	412 000.00	16%	65 920.00
合计						¥412 000.00		¥65 920.00
价税合计（大写）		⊗肆拾柒万柒仟玖佰贰拾元整					（小写）	¥477 920.00
销售方	名称：广州市重型机械公司 纳税人识别号：91510206316453201A 地址、电话：广州市江川路69号 56089420 开户行及账号：工商银行江川路办事处 382206981				备注	广州市重型机械公司 91510206316453201A 发票专用章		

第三联 发票联 购买方记账凭证

收款人：黄愈发　　复核：　　开票人：杨若凡　　销售方（章）

业务 12-4-3

ICBC 中国工商银行　托收凭证（付款通知）　5

委托日期 2×18年12月4日　　付款期限 2×18年12月7日

业务类型		委托收款（☑邮划、□电划）　托收承付（□邮划、□电划）						
付款人	全称	光明市永春机械公司		收款人	全称	广州市重型机械公司		
	账号	230045006			账号	382206981		
	地址	省光明市/县	开户行 工行光支		地址	广东省广州市/县	开户行 工行江办	
金额	人民币（大写）	肆拾柒万柒仟玖佰贰拾元整				千百十万千百十元角分	¥47792000	
款项内容		货款	托收凭据名称	增值税专用发票		附寄单证张数	2	
商品发运情况				合同名称号码				
备注： 复核　记账		付款人开户银行签章 中国工商银行光明市支行 2×18年12月07日 转讫 2×18年12月7日		付款人注意： 1. 根据支付结算办法，上列委托收款（托收承付）款项在付款期限内未提出拒付，即视为同意付款，以此代付款通知。 2. 如需提出全部或部分拒付，应在规定期限内，将拒付理由书并附债务证明退交开户银行。				

此联为付款人开户银行给付款人的按期付款通知

业务 12-4-4

固定资产交接（验收）单

2×18年12月7日

编号	名称	规格	型号	计量单位	数量	建造单位		备注
0512	机床		HT98型	台	5	广州市重型机械公司		
总价	买价	安装费	运杂费	包装费	其他	原值	预计年限	净残值率
	412 000					412 000	10年	5%
用途	生产用		使用部门		生产车间		已提折旧	
验收意见		合格，交付使用			验收人签章		陆新华	

财务主管：钱一凡　　制单：刘景明　　复核：高桂格

业务 13-3-1

光明市永春机械公司　产品出库单

购买方：兰州市明远机械公司　　2×18年12月7日　　仓库：成品库　编号：402

产品编号	规格	产品名称	计量单位	数量 应发	数量 实发	单位成本	金额	备注
（略）	（略）	A产品	台	150	150			对方自提
		B产品	台	150	150			

二 财务联

供销主管：卜发愁　保管员：甄仔细　记账：高桂格　制单：严尧秋

业务 13-3-2

光明增值税专用发票

№ 15452153

3102184130　此联不作报销、扣税凭证使用　开票日期：2×18年12月7日

购买方	名称：兰州市明远机械公司 纳税人识别号：91620120314956840A 地址、电话：兰州市新建路72号 3967001 开户行及账号：工商银行兰州市分行 680586004				密码区	（略）		
货物或应税劳务、服务名称	规格型号	单位	数量	单价	金额	税率	税额	
A产品		台	150	6 000.00	900 000.00	16%	144 000.00	
B产品		台	150	4 000.00	600 000.00	16%	96 000.00	
合计					¥1 500 000.00		¥240 000.00	
价税合计（大写）	⊗壹佰柒拾肆万元整				（小写）¥1 740 000.00			
销售方	名称：光明市永春机械公司 纳税人识别号：91310040213456070M 地址、电话：光明市建设路68号 98706543 开户行及账号：工商银行光明市支行 230045006				备注			

第一联 记账联 销售方记账凭证

收款人：王进勇　复核：　开票人：刘富民　销售方（章）

（印章：光明市永春机械公司 91310040213456070M 发票专用章；商业承兑汇票）

业务 13-3-3

商业承兑汇票　2

出票日期（大写）：贰×壹捌年壹拾贰月零柒日　　00800393

付款人	全称	兰州市明远机械公司	收款人	全称	光明市永春机械公司
	账号	680586004		账号	230045006
	开户行	工商银行兰州市分行		开户行	工商银行光明市支行
出票金额	人民币（大写）	壹佰柒拾肆万元整		亿 千 百 十 万 千 百 十 元 角 分	¥ 1 7 4 0 0 0 0 0 0
汇票到期日（大写）		贰×壹玖年零肆月零柒日	付款人开户行	行号	380011457
交易合同号码				地址	兰州市明星路388号
本汇票已经承兑，到期无条件付款。 承兑人签章 承兑日期：2×18年12月07日			本汇票请予以承兑，并于到期日付款。 出票人签章		

此联持票人开户行随托收凭证寄付款人开户行作借方凭证附件

（印章：兰州市明远机械公司 财务专用章；张远明印；复印件与原件核对一致）

业务14-3-1

光明市永春机械公司 报账（付款）审批单

部门：办公室　　　2×18年12月7日

经手人	焦古华	事由	结算鸿明大酒店餐饮费
项目名称	金额（元）	付款（结算）方式	备注
业务招待费	63 812.00	转账支票	
合　计	63 812.00		
单位负责人审批	财务主管	部门领导	出纳员
同意。 李永春	同意。 钱一凡	同意。 赵婉茹	张理财

附单据2张

业务提示

业务14-3-2

光明增值税普通发票

发票联

№ 31804019

3100184620

开票日期：2×18年12月7日

购买方	名　　称：光明市永春机械公司 纳税人识别号：91310040213456070M 地 址、电 话：光明市建设路68号 98706543 开户行及账号：工商银行光明市支行 230045006	密码区	（略）

货物或应税劳务、服务名称	规格型号	单位	数　量	单　价	金　额	税率	税　额
餐饮费					60 200.00	6%	3 612.00
合　计					¥60 200.00		¥3 612.00
价税合计（大写）	⊗陆万叁仟捌佰壹拾贰元整					（小写）	¥63 812.00

销售方	名　　称：光明市鸿明大酒店 纳税人识别号：91310206313875008A 地 址、电 话：光明市建设路28号 34569420 开户行及账号：工行光明市支行 230090071	备注	

光明市鸿明大酒店 91310206313875008A 发票专用章

收款人：高大尚　　复核：　　开票人：白福梅　　销售方（章）

第二联 发票联 购买方记账凭证

业务14-3-3

ICBC 中国工商银行 转账支票存根

支票号码 18203134

附加信息

出票日期：2×18年12月7日

收 款 人：	光明市鸿明大酒店
金　　额：	63 812.00
用　　途：	餐饮费

单位主管：李永春　　会计：高桂格

业务 15-3-1

光明市永春机械公司 报账（付款）审批单

部门：财务部

2×18年12月7日

经手人	甄紫曦	事由	发放工资
项目名称	金额（元）	付款（结算）方式	备注
应付职工薪酬	980 000.00	银行转账	上月实发工资为980 000元，直接转入职工个人银行卡
合　计	980 000.00		
单位负责人审批	财务主管	部门领导	出纳员
同意。 李永春	同意。 钱一凡		张理财

附单据 2 张

业务 15-3-2

ICBC 中国工商银行 电子转账凭证

币种：人民币　　委托日期 2×18年12月7日　　凭证编号：00278561

付款人	全　称	光明市永春机械公司	收款人 全　称	批量代付
	账　号	230045006	账　号	230045006
	汇出地点	光明市	地　址	光明市
汇出行名称		中国工商银行光明市支行	汇入行名称	中国工商银行光明市支行
金额	人民币（大写）玖拾捌万元整		亿 千 百 十 万 千 百 十 元 角 分	¥ 9 8 0 0 0 0 0 0
附加信息及用途 职工工资			支付密码	
银行盖章			根据中国工商银行光明市永春机械公司客户120930号电子命令，上述款项已由本行支付。客户经办人：1562　复核：　记账：	

第一联 客户回单

中国工商银行光明市支行 2X18年12月07日 转讫

业务 15-3-3

特色业务中国工商银行批量代付成功清单

机构代码：91310040213456070M　　机构名称：工商银行光明市支行　　入账日期：2×18年12月7日

客户账号	姓　名	金　额
6220241000005160341	（略）	（略）
6220241000005160342	（略）	（略）
6220241000005160343	（略）	（略）
6220241000005160344	（略）	（略）
6220241000005160345	（略）	（略）
（以下略）	（略）	（略）
合　计		980 000.00

中国工商银行光明市支行 2X18年12月07日 转讫

业务 16-2-1

中华人民共和国
税收专用缴款书

(2×18) 505 70525
光税缴

注册类型：有限责任公司　　填发日期：2×18年12月09日　　征收机关：光明市税务分局

缴款单位（人）			预算科目		
	代码	91310040213456070M		编码	
	全称	光明市永春机械公司		名称	增值税
	开户银行	工商银行光明市支行		级次	中央50%　地方50%
	账号	230045006	收款国库		光明市中心支库
税款所属时期		2×18年11月1日—30日	税款限缴日期		2×18年12月10日

品目名称	课税数量	计税金额或销售收入	税率或单位税额	已缴或扣除额	实缴金额 千	百	十	万	千	百	十	元	角	分
增值税			16%				3	0	0	0	0	0	0	0
金额合计	人民币（大写）叁拾万元整					¥	3	0	0	0	0	0	0	0

缴款单位（人）（盖章）经办人（章）	税务机关（盖章）填票人（章）	上列款项已收妥并划转收款单位账户 国库（银行）盖章 年 月 日	备注

逾期不缴按税法规定加收滞纳金

第一联（收据）国库（银行）收款盖章后退缴款单位（人）作完税凭证

业务 16-2-2

中华人民共和国
税收专用缴款书

(2×18) 303 70323
光税缴

注册类型：有限责任公司　　填发日期：2×18年12月09日　　征收机关：光明市税务分局

缴款单位（人）			预算科目		
	代码	91310040213456070M		编码	
	全称	光明市永春机械公司		名称	
	开户银行	工商银行光明市支行		级次	
	账号	230045006	收款国库		光明市中心支库
税款所属时期		2×18年11月1日—30日	税款限缴日期		2×18年12月10日

品目名称	课税数量	计税金额或销售收入	税率或单位税额	已缴或扣除额	实缴金额 千	百	十	万	千	百	十	元	角	分
企业所得税		1 600 000	25%				4	0	0	0	0	0	0	0
城市维护建设税		600 000	7%					4	2	0	0	0	0	0
教育费附加		600 000	3%					1	8	0	0	0	0	0
金额合计	人民币（大写）肆拾陆万元整					¥	4	6	0	0	0	0	0	0

缴款单位（人）（盖章）经办人（章）	税务机关（盖章）填票人（章）	上列款项已收妥并划转收款单位账户 国库（银行）盖章 年 月 日	备注

逾期不缴按税法规定加收滞纳金

第一联（收据）国库（银行）收款盖章后退缴款单位（人）作完税凭证

业务17-3-1

光明市永春机械公司 报账（付款）审批单

部门：供销科　　2×18年12月9日

经手人	鲍巩英	事由	支付购买机床款
项目名称	金额（元）	付款（结算）方式	备注
生产线工程	904 800.00	银行转账	直接交付安装，运费由销货方负担
合　计	904 800.00		
单位负责人审批	财务主管	部门领导	出纳员
同意。 李永春	同意。 钱一凡	同意。 卞发愁	张理财

附单据2张

业务17-3-2

陕西增值税专用发票

No 15463862

6401184130　　发票联　　开票日期：2×18年12月6日

购买方	名称：光明市永春机械公司 纳税人识别号：91310040213456070M 地址、电话：光明市建设路68号 98706543 开户行及账号：工商银行光明市支行 230045006			密码区	（略）		
货物或应税劳务、服务名称	规格型号	单位	数量	单价	金额	税率	税额
机床	BN69型	台	2	390 000.00	780 000.00	16%	124 800.00
合　计					¥780 000.00		¥124 800.00
价税合计（大写）	⊗玖拾万肆仟捌佰元整					（小写）	¥904 800.00
销售方	名称：西安市重型机械厂 纳税人识别号：916401063104532 09A 地址、电话：西安市铜川路169号 56089001 开户行及账号：工商银行铜川路办事处 380046021			备注			

收款人：周志峰　　复核：　　开票人：杨白冰　　销售方（章）

第三联 发票联 购买方记账凭证

（印章：西安市重型机械厂 916401063104532 09A 发票专用章）

业务17-3-3

ICBC 中国工商银行 托收凭证（付款通知） 5

委托日期2×18年12月6日　　付款期限2×18年12月9日

业务类型	委托收款（☑邮划、☐电划）　托收承付（☐邮划、☐电划）					
付款人 全称	光明市永春机械公司		收款人 全称	西安市重型机械厂		
账号	230045006		账号	380046021		
地址	省光明市/县	开户行：工行光支	地址	陕西省西安市/县	开户行：工行铜办	
金额 人民币（大写）	玖拾万肆仟捌佰元整		千百十万千百十元角分	¥ 9 0 4 8 0 0 0 0		
款项内容	货款	托收凭据名称	增值税专用发票	附寄单证张数	2	
商品发运情况			合同名称号码			
备注： 复核　记账	付款人开户银行签章 2×18年12月9日		付款人注意： 1.根据支付结算办法，上列委托收款（托收承付）款项在付款期限内未提出拒付，即视为同意付款，以此代付款通知。 2.如需提出全部或部分拒付，应在规定期限内，将拒付理由书并附债务证明退交开户银行。			

（印章：中国工商银行 2×18年12月09日 转讫）

此联为付款人开户银行给付款人的按期付款通知

业务18-2-1

光明市永春机械公司 报账（付款）审批单

部门：财务科

2×18年12月9日

经手人	甄紫曦	事由	支付到期商业承兑汇票款
项目名称	金额（元）	付款（结算）方式	备注
应付票据	640 000.00	委托收款（付款通知）	
合　计	640 000.00		
单位负责人审批	财务主管	部门领导	出纳员
同意。 李永春	同意。 钱一凡		张理财

附单据2张

业务18-2-2

ICBC 中国工商银行　托收凭证（付款通知）　5

委托日期2×18年12月6日　　付款期限2×18年12月9日

业务类型	委托收款（☑邮划、☐电划）　托收承付（☐邮划、☐电划）													
付款人 全称	光明市永春机械公司			收款人 全称	广州市秋林机械公司									
付款人 账号	230045006			收款人 账号	382246790									
付款人 地址	省光明市	开户行	工行光支	收款人 地址	广东省广州市	开户行	工行天办							
金额 人民币（大写）	陆拾肆万元整				千	百	十	万	千	百	十	元	角	分
						¥	6	4	0	0	0	0	0	0
款项内容	货款	托收凭据名称	商业承兑汇票	附寄单证张数	1									
商品发运情况		合同名称号码												
备注：该商业承兑汇票到期日为2×18年12月9日　复核　记账	付款人开户银行签章 2×18年12月9日	付款人注意：1.根据支付结算办法，上列委托收款（托收承付）款项在付款期限内未提出拒付，即视为同意付款，以此代付款通知。2.如需提出全部或部分拒付，应在规定期限内，将拒付理由书并附债务证明退交开户银行。												

中国工商银行光明市支行 2×18年12月09日 转讫

此联为付款人开户银行给付款人的按期付款通知

业务19

ICBC 中国工商银行　借款借据（收账通知）　3

委托日期2×18年12月09日　　借据编号：201849

存款人 全称	光明市永春机械公司	付款人 全称	中国工商银行光明市支行												
存款人 账号	230045006	付款人 账号	38990042867												
存款人 开户银行	中国工商银行光明市支行	付款人 开户银行	中国工商银行光明市支行												
借款金额	人民币（大写）	肆拾万元整	亿	千	百	十	万	千	百	十	元	角	分		
					¥	4	0	0	0	0	0	0	0		
借款原因及用途	经营资金周转借款	借款期限	2×18.12.01—2×19.06.30												

根据授信额度及你单位的借款用途，上列借款已转入你单位结算账户内。

此致

银行签章

中国工商银行光明市支行 2×18年12月09日 转讫

此联是收款人开户银行交给收款人的收账通知

业务20-3-1

光明市永春机械公司 报账（付款）审批单

部门：办公室　　　　2×18年12月11日

经手人	焦吉华	事由	支付车间房屋修缮费
项目名称	金额（元）	付款（结算）方式	备注
车间房屋修缮费	148 400.00	转账支票	
合　计	148 400.00		
单位负责人审批	财务主管	部门领导	出纳员
同意。 李永春	同意。 钱一凡	同意。 赵婉茹	张理财

附单据2张

业务20-3-2

光明增值税专用发票

3102184130　　发票联　　№ 31804029

开票日期：2×18年12月11日

购买方	名　　称：光明市永春机械公司 纳税人识别号：91310040213456070M 地 址、电 话：光明市建设路68号 98706543 开户行及账号：工商银行光明市支行 230045006				密码区	（略）	
货物或应税劳务、服务名称	规格型号	单位	数　量	单　价	金　额	税率	税　额
车间房屋修缮费					140 000.00	6%	8 400.00
合　计					￥140 000.00		￥8 400.00
价税合计（大写）	⊗壹拾肆万捌仟肆佰元整					（小写）	￥148 400.00
销售方	名　　称：光明市方正建筑公司 纳税人识别号：91310112784668212A 地 址、电 话：光明市建设路12号 34569519 开户行及账号：工行光明市支行 230051441				备注	光明市方正建筑公司 91310112784668212A 发票专用章	

收款人：高晓东　　复核：　　开票人：白玫瑰　　销售方（章）

第三联 发票联 购买方记账凭证

业务20-3-3

ICBC 中国工商银行 转账支票存根

支票号码 18203135

附加信息

出票日期：2×18年12月11日

收 款 人：	光明市方正建筑公司
金　　额：	148 400.00
用　　途：	车间房屋修缮费

单位主管：李永春　　会计：高桂格

业务21-3-1

光明市永春机械公司 差旅费报销单

报销日期：2×18年12月11日　　附单据 4 张

姓名		鲍巩英				出差事由	参加西安市新产品展销会					
起程日期及地点			到达日期及地点			交通工具	车船费	出差补助		住宿费		金额合计
月	日	地点	月	日	地点			天	金额	价款	税额	
12	3	光明	12	3	西安	飞机	1 000.00	5	900.00	2 000.00	120.00	4 020.00
12	7	西安	12	7	光明	飞机	1 000.00					1 000.00
合计							2 000.00		900.00	2 000.00	120.00	5 020.00
实报金额	（大写）伍仟零贰拾元整　¥5 020.00						预借金额		应补金额	应退金额		
							5 500.00			480.00		

财务主管：钱一凡　　出差人：鲍巩英　　出纳：张理财

提示与说明：“差旅费报销单”后面应附的发票单证有飞机票、增值税专用发票（发票联）等，为减少篇幅，本教材仅提供1张增值税专用发票（发票联），其余从略。

业务21-3-2

陕西增值税专用发票

№ 15464860

6401184130　　发票联

开票日期：2×18年12月7日

购买方	名称：光明市永春机械公司 纳税人识别号：91310040213456070M 地址、电话：光明市建设路68号 98706543 开户行及账号：工商银行光明市支行 230045006				密码区	（略）		
货物或应税劳务、服务名称	规格型号	单位	数量	单价	金额	税率	税额	
住宿费		天	4	500.00	2 000.00	6%	120.00	
合计					¥2 000.00		¥120.00	
价税合计（大写）	⊗贰仟壹佰贰拾元整					（小写）¥2 120.00		
销售方	名称：西安市国豪大酒店 纳税人识别号：91640106301454785A 地址、电话：西安市外环路169号 68089093 开户行及账号：工商银行外环路办事处 380040890				备注			

收款人：周前进　　复核：　　开票人：杨灿烂　　销售方（章）

第三联 发票联 购买方记账凭证

业务21-3-3

光明市永春机械公司 内部收据

2×18年12月11日　　编号:2×181230

今收到

鲍巩英 交来 出差借款剩余款

人民币(大写) 肆佰捌拾元整　　¥:480.00

备注:

第二联 记账联

记账：高桂格　　出纳：张理财　　制单：艾志丹

业务22

中国工商银行 电汇凭证（收账通知） 4

☑ 普通　☐加急　委托日期2×18年12月13日

汇款人	全称	昆明市金花机械公司	收款人	全称	光明市永春机械公司
	账号	280500004		账号	230045006
	开户银行	工商银行昆明市支行		开户银行	工商银行光明市支行
金额	人民币（大写）	贰佰陆拾万元整		亿千百十万千百十元角分	¥ 2 6 0 0 0 0 0 0 0
此汇款已收入收款人账户。				支付密码	
汇入行签章				附加信息及用途：偿还前欠永春机械公司的货款。 复核： 记账： 2×18年12月13日	

中国工商银行光明市支行 2×18年12月13日 转讫

此联为给收款人的收账通知

业务23-3-1

光明市永春机械公司 领料单

编号：204

领料单位：生产车间　2×18年12月13日　仓库：原材料库

材料类别	材料编号	名称及规格	计量单位	数量 请领	数量 实发	单价	金额	领料用途
（略）	（略）	甲材料	千克	2 100	2 100			生产A产品
		乙材料	千克	2 500	2 500			
		丙材料	千克	800	800			

车间主管：高安全　保管员：特认真　记账：高桂格　制单：艾志丹

二 财务联

业务23-3-2

光明市永春机械公司 领料单

编号：205

领料单位：生产车间　2×18年12月13日　仓库：原材料库

材料类别	材料编号	名称及规格	计量单位	数量 请领	数量 实发	单价	金额	领料用途
（略）	（略）	甲材料	千克	2 000	2 000			生产B产品
		乙材料	千克	3 100	3 100			

车间主管：高安全　保管员：特认真　记账：高桂格　制单：艾志丹

二 财务联

业务 23-3-3

光明市永春机械公司　领料单

编号：206

领料单位：供销科　　2×18年12月13日　　仓库：原料库

材料类别	材料编号	名称及规格	计量单位	数量		单价	金额	领料用途
				请领	实发			
（略）	（略）	丙材料	千克	1 100	1 100			产品销售包装

二 财务联

车间主管：高安全　保管员：特认真　记账：高桂格　制单：艾志丹

业务 24

ICBC 中国工商银行　现金支票存根

支票号码 18103120

附加信息

出票日期：2×18年12月13日

收 款 人：	光明市永春机械公司
金　　额：	6 000.00
用　　途：	提现备用

单位主管：李永春　会计：高桂格

（印章：光明市永春……财务专……）

业务 25

ICBC 中国工商银行　托收凭证（收账通知）　4

委托日期 2×18年12月11日　　付款期限 2×18年12月13日

业务类型	委托收款（□邮划、☑电划）　托收承付（□邮划、□电划）					
付款人 全称	兰州市明远机械公司		收款人 全称	光明市永春机械公司		
付款人 账号	680586004		收款人 账号	230045006		
付款人 地址	甘肃省兰州市/县	开户行：工行兰分	收款人 地址	省光明市/县	开户行：工行光支	
金额 人民币（大写）	玖拾捌万伍仟元整					
款项内容	货款	托收凭据名称	商业承兑汇票	附寄单证张数	1	
商品发运情况			合同名称号码			

亿	千	百	十	万	千	百	十	元	角	分
		¥	9	8	5	0	0	0	0	0

备注：
该商业承兑汇票到期日为2×18年12月13日

复核　记账

上列款项已划回收入你方账户内。

（印章：中国工商银行光明市支行 2×18年12月13日 转讫）

收款人开户银行签章
2×18年12月13日

此联付款人开户行凭以汇款或收款人开户行作收账通知

业务26-3-1

光明市永春机械公司 报账（付款）审批单

部门：办公室

2×18年12月13日

经手人	焦吉华	事由	为各车间部门购办公用品
项目名称	金额（元）	付款（结算）方式	备注
办公费	5 220.00	库存现金	各车间、部门直接领用
合　计	5 220.00		
单位负责人审批	财务主管	部门领导	出纳员
同意。 李永春	同意。 钱一凡	同意。 赵婉茹	张理财

现金付讫

附单据2张

业务26-3-2

光明增值税专用发票

发票联

№ 30853462

3100184130

开票日期：2×18年12月13日

购买方
名　　称：光明市永春机械公司
纳税人识别号：91310040213456070M
地址、电话：光明市建设路68号 98706543
开户行及账号：工商银行光明市支行 230045006

密码区：（略）

货物或应税劳务、服务名称	规格型号	单位	数量	单价	金额	税率	税额
复印纸		箱	10	80.00	800.00	16%	128.00
移动硬盘		个	8	400.00	3 200.00	16%	512.00
文件夹		个	25	20.00	500.00	16%	80.00
合　计					￥4 500.00		￥720.00
价税合计（大写）	⊗伍仟贰佰贰拾元整					（小写）	￥5 220.00

销售方
名　　称：光明市文苑文化用品公司
纳税人识别号：91310138241678215A
地址、电话：光明市天苑路28号 71089420
开户行及账号：工行天苑路办事处 236390070

备注：

光明市文苑文化用品公司 91310138241678215A 发票专用章

收款人：郭大光　复核：　开票人：张清远　销售方（章）

第三联 发票联 购买方记账凭证

业务26-3-3

办公用品领用及费用分配表

2×18年12月13日　　金额单位：元

领用部门	复印纸		移动硬盘		文件夹		金额合计	签字
	数量	金额	数量	金额	数量	金额		
生产车间	2	160.00	2	800.00	2	40.00	1 000.00	高安全
企业管理部门	8	640.00	6	2 400.00	23	460.00	3 500.00	赵婉茹
合　计	10	800.00	8	3 200.00	25	500.00	4 500.00	

备注：办公用品直接交付各车间、部门使用

财务主管：钱一凡　制单：严尧秋　记账：高桂格

业务27

ICBC 中国工商银行　现金缴款单

委托日期2×18年12月13日　　　　序号：

客户填写部分									
收款人户名		光明市永春机械公司							
收款人账号		230045006			收款人开户行		工商银行光明市支行		
缴款人		张理财			款项来源		备用金		
币种	人民币☑ 外币☐	大写：壹仟贰佰陆拾元整					百十万千百十元角分：¥126000		
券别	100元	50元	20元	10元	5元	2元	1元	辅币(金额)	封包(金额)
张数	10	2	5	5	2				

银行打印：上述款项已入账，请核对与银行打印信息一致。

中国工商银行光明市支行 2×18年12月13日 转讫

(银行打印有效)　　　　收款人：王大忠

第二联　收款人入账通知

业务28

无法支付应付款项确认单

2×16年11月入账的应付唐山华远钢铁厂的货款9 994元，经当地工商管理部门确认，该公司已于1年前破产清算完毕。因此，该款项已无法支付，经公司董事会讨论决定，将该款项作为营业外收入处理。

情况属实，同意。　　钱一凡

2×18年12月15日

财务主管：钱一凡　　制单：刘景明　　记账：高桂格

业务29

光明市永春机械公司　领料单

编号：207

领料单位：生产车间　　2×18年12月15日　　仓库：原料库

材料类别	材料编号	名称及规格	计量单位	数量		单价	金额	领料用途
				请领	实发			
（略）	（略）	甲材料	千克	704	704			生产车间一般性消耗
		丙材料	千克	200	200			

二　财务联

车间主管：高安全　　保管员：特认真　　记账：高桂格　　制单：艾志丹

业务 30-4-1

光明市永春机械公司 报账（付款）审批单

部门：办公室　　　　2×18年12月17日

经手人	焦吉华	事由	结算生产线安装费
项目名称	金额（元）	付款（结算）方式	备注
生产线工程	15 950.00	转账支票	
合　计	15 950.00		
单位负责人审批	财务主管	部门领导	出纳员
同意。李永春	同意。钱一凡	同意。赵婉茹	张理财

附单据 2 张

业务 30-4-2

光明增值税专用发票

3102184130　　发票联　　№ 31804023

开票日期：2×18年12月17日

购买方	名　　称：光明市永春机械公司 纳税人识别号：91310040213456070M 地 址、电 话：光明市建设路68号 98706543 开户行及账号：工商银行光明市支行 230045006			密码区	（略）		
货物或应税劳务、服务名称	规格型号	单位	数　量	单　价	金　额	税率	税　额
安装费					14 500.00	10%	1 450.00
合　计					¥14 500.00		¥1 450.00
价税合计（大写）	⊗壹万伍仟玖佰伍拾元整				（小写）¥15 950.00		
销售方	名　　称：光明市晋源安装公司 纳税人识别号：91310112784788931A 地 址、电 话：光明市新建路108号 98569627 开户行及账号：工行光明市支行 230051792			备注			

收款人：尚高欢　　复核：　　开票人：张福康　　销售方（章）

第三联 发票联 购买方记账凭证

业务 30-4-3

ICBC 中国工商银行 转账支票存根

支票号码 18203136

附加信息

出票日期：2×18年12月17日

收 款 人：	光明市晋源安装公司
金　　额：	15 950.00
用　　途：	支付安装费

单位主管：李永春　　会计：高桂格

业务30-4-4

固定资产交接(验收)单

2×18年12月17日

编号	名称	规格	型号	计量单位	数量	建造单位		备注
0512	机床		BN69型	台	2	西安市重型机械厂		
总价	买价	安装费	运杂费	包装费	其他	原值	预计年限	净残值率
	780 000	14 500			100 000	894 500	10年	5%
用途	生产用		使用部门		生产车间		已提折旧	
验收意见		合格，交付使用			验收人签章		陆新华	

财务主管：钱一凡　　制单：刘景明　　复核：高桂格

业务31-2-1

光明增值税专用发票

发票联（全国统一发票监制章 国家税务总局监制）

3102184130　　№ 15456860

开票日期：2×18年12月17日

第三联 发票联 购买方记账凭证

购买方	名　　称：光明市永春机械公司 纳税人识别号：91310040213456070M 地址、电话：光明市建设路68号 98706543 开户行及账号：工商银行光明市支行 230045006			密码区	（略）		
货物或应税劳务、服务名称	规格型号	单位	数量	单价	金额	税率	税额
丙材料		千克	3 000	90.00	270 000.00	16%	43 200.00
合　计					¥270 000.00		¥43 200.00
价税合计（大写）	⊗叁拾壹万叁仟贰佰元整				（小写）¥313 200.00		
销售方	名　　称：光明市清流机械公司 纳税人识别号：91310206315553200A 地址、电话：光明市奉化街85号 78024662 开户行及账号：工商银行奉化街办事处 232200796			备注	与对方商妥，货款于下月支付。		

货款未付

光明市清流机械公司 91310206315553200A 发票专用章

收款人：赵发光　　复核：　　开票人：李有财　　销售方（章）

业务31-2-2

光明市永春机械公司　收料单

编号：105

供货单位：光明市清流机械公司　　2×18年12月17日　　仓库：原料库

材料类别	材料编号	名称及规格	计量单位	数量		实际成本（元）			
				应收	实收	发票价格	采购费用	合计	单价
（略）	（略）	丙材料	千克	3 000	3 000	270 000		270 000	90.00
合　计									

二 财务联

供销主管：卞发愁　　保管员：特认真　　记账：高桂格　　制单：艾志丹

业务32

光明市永春机械公司 产品入库单

交库单位：生产车间　　2×18年12月17日　　仓库：成品库　编号：302

产品编号	规格	产品名称	计量单位	数量		单位成本	总成本	备注
				送检	实收			
（略）	（略）	A产品	台	300	300			完工入库
		B产品	台	400	400			

二 财务联

车间主管：高安全　保管员：甄仔细　记账：高桂格　制单：严尧秋

业务33-2-1

光明增值税专用发票

№ 15452154

3102184130　　此联不作报销、扣税凭证使用　　开票日期：2×18年12月19日

购买方	名　称：广州市宏图机械公司 纳税人识别号：91510320310024838A 地址、电话：广州市滨江路82号 52670480 开户行及账号：工商银行广州分行 580018004			密码区	（略）		
货物或应税劳务、服务名称	规格型号	单位	数量	单价	金额	税率	税额
A产品		台	100	6 000.00	600 000.00	16%	96 000.00
B产品		台	100	4 000.00	400 000.00	16%	64 000.00
合计					¥1 000 000.00		¥160 000.00
价税合计（大写）	⊗壹佰壹拾陆万元整				（小写）¥1 160 000.00		
销售方	名　称：光明市永春机械公司 纳税人识别号：91310040213456070M 地址、电话：光明市建设路68号 98706543 开户行及账号：工商银行光明市支行 230045006			备注			

货款未付

光明市永春机械公司 91310040213456070M 发票专用章

收款人：王进勇　复核：　开票人：刘富民　销售方（章）

第一联 记账联 销售方记账凭证

业务33-2-2

光明市永春机械公司 产品出库单

购买方：广州市宏图机械公司　　2×18年12月19日　　仓库：成品库　编号：403

产品编号	规格	产品名称	计量单位	数量		单位成本	金额	备注
				应发	实发			
（略）	（略）	A产品	台	100	100			货物由对方自提
		B产品	台	100	100			

二 财务联

供销主管：卜发愁　保管员：甄仔细　记账：高桂格　制单：严尧秋

业务34-4-1

光明市永春机械公司 报账（付款）审批单

部门：供销科　　2×18年12月19日

经手人	鲍巩英	事由	购材料签发商业承兑汇票
项目名称	金额（元）	付款（结算）方式	备注
应付票据	410 640.00	商业承兑汇票	广州市秋林机械公司送货，运费由销货方负担
合　计	410 640.00		
单位负责人审批	财务主管	部门领导	出纳员
同意。李永春	同意。钱一凡	同意。卜发愁	张理财

附单据3张

业务34-4-2

广东增值税专用发票

发票联

№ 15452172

5101189130　　开票日期：2×18年12月16日

购买方	名称：光明市永春机械公司 纳税人识别号：91310040213456070M 地址、电话：光明市建设路68号 98706543 开户行及账号：工商银行光明市支行 230045006			密码区	（略）		
货物或应税劳务、服务名称	规格型号	单位	数量	单价	金额	税率	税额
乙材料		千克	6 000	59.00	354 000.00	16%	56 640.00
合计					¥354 000.00		¥56 640.00
价税合计（大写）	⊗肆拾壹万零陆佰肆拾元整				（小写）¥410 640.00		
销售方	名称：广州市秋林机械公司 纳税人识别号：91510206316453201A 地址、电话：广州市天明路36号 56089420 开户行及账号：工商银行天明路办事处 382246790			备注	广州市秋林机械公司 91510206316453201A 发票专用章		

收款人：黄来才　　复核：　　开票人：刘大科　　销售方（章）

第三联 发票联 购买方记账凭证

商业承兑汇票

业务34-4-3

光明市永春机械公司 收料单

编号：106

供货单位：广州市秋林机械公司　　2×18年12月19日　　仓库：原料库

材料类别	材料编号	名称及规格	计量单位	数量		实际成本（元）			
				应收	实收	发票价格	采购费用	合计	单价
（略）	（略）	乙材料	千克	6 000	6 000	354 000		354 000	59.00
合　计									

二 财务联

供销主管：卜发愁　　保管员：特认真　　记账：高桂格　　制单：艾志丹

业务 34-4-4

商业承兑汇票（卡片） 1

出票日期（大写）贰×壹捌年壹拾贰月壹拾玖日 00800386

付款人	全　称	光明市永春机械公司	收款人	全　称	广州市秋林机械公司
	账　号	230045006		账　号	382246790
	开户银行	工商银行光明市支行		开户银行	工商银行天明路办事处
出票金额		人民币（大写）肆拾壹万零陆佰肆拾元整		亿千百十万千百十元角分	¥ 4 1 0 6 4 0 0 0
汇票到期日（大写）		贰×壹玖年零陆月壹拾玖日	付款人开户行	行号	105603000606
交易合同号码				地址	光明市建设路180号
		出票人签章	备注：		

此联由承兑人存查

李春永印

业务 35-2-1

光明市永春机械公司 报账（付款）审批单

部门：办公室　　2×18年12月19日

经手人	焦吉华	事由	报销总经理移动电话话费
项目名称	金额（元）	付款（结算）方式	备注
办公费用	1 100.00	库存现金	
合　计	1 100.00		
单位负责人审批	财务主管	部门领导	出纳员
同意。李永春	同意。钱一凡	同意。赵婉茹	张理财

附单据 1 张

现金付讫

业务 35-2-2

光明增值税专用发票

No 15452186

3102184130　　开票日期：2×18年12月19日

购买方	名　称：光明市永春机械公司 纳税人识别号：91310040213456070M 地址、电话：光明市建设路68号 98706543 开户行及账号：工商银行光明市支行 230045006			密码区	（略）		
货物或应税劳务、服务名称	规格型号	单位	数　量	单　价	金　额	税率	税　额
基础电信服务	套餐	个	2	500.00	1 000.00	10%	100.00
合　计					¥1 000.00		¥100.00
价税合计（大写）	⊗壹仟壹佰元整				（小写）¥1 100.00		
销售方	名　称：光明市移动通信公司 纳税人识别号：91310206311453402A 地址、电话：光明市建设路86号 96094200 开户行及账号：工商银行光明市支行 230046709			备注	光明市移动通信公司 91310206311453402A 发票专用章		

收款人：黄永发　　复核：　　开票人：刘国定　　销售方（章）

第三联 发票联 购买方记账凭证

业务36-3-1

光明市永春机械公司 产品出库单

购买方：兰州市明远机械公司　　2×18年12月19日　　仓库：成品库　编号：404

产品编号	规格	产品名称	计量单位	数量 应发	数量 实发	单位成本	金额	备注
（略）	（略）	A产品	台	100	100			对外销售
		B产品	台	100	100			

二 财务联

供销主管：卜发愁　保管员：甄仔细　记账：高桂格　制单：严尧秋

业务36-3-2

光明增值税专用发票

3102184130　　此联不作报销、扣税凭证使用　　№ 15452155　　开票日期：2×18年12月19日

购买方	名称：兰州市明远机械公司 纳税人识别号：91620120314956840A 地址、电话：兰州市新建路72号 3967001 开户行及账号：工商银行兰州市分行 680586004			密码区	（略）		
货物或应税劳务、服务名称	规格型号	单位	数量	单价	金额	税率	税额
A产品		台	100	6 000.00	600 000.00	16%	96 000.00
B产品		台	100	4 000.00	400 000.00	16%	64 000.00
合计					¥1 000 000.00		¥160 000.00
价税合计（大写）	⊗壹佰壹拾陆万元整				（小写）¥1 160 000.00		
销售方	名称：光明市永春机械公司 纳税人识别号：9131004021345607OM 地址、电话：光明市建设路68号 98706543 开户行及账号：工商银行光明市支行 230045006			备注	收到对方签发的商业承兑汇票。		

第一联 记账联 销售方记账凭证

收款人：王进勇　复核：　开票人：刘富民　销售方（章）

业务36-3-3

商业承兑汇票 2

出票日期（大写）　贰×壹捌年壹拾贰月壹拾玖日　　00800394

付款人	全称	兰州市明远机械公司	收款人	全称	光明市永春机械公司
	账号	680586004		账号	230045006
	开户行	工商银行兰州市分行		开户行	工商银行光明市支行
出票金额	人民币（大写）	壹佰壹拾陆万元整	亿千百十万千百十元角分		¥116000000
汇票到期日（大写）		贰×壹玖年零肆月壹拾玖日	付款人开户行	行号	380011486
交易合同号码				地址	兰州市明星路388号
本汇票已经承兑，到期无条件付款。 承兑人签章 承兑日期：2×18年12月19日			本汇票请予以承兑，并于到期日付款。 出票人签章		

此联持票人开户行随托收凭证寄付款人开户行作借方凭证附件

复印件与原件核对一致

业务 37-2-1

光明市永春机械公司 报账（付款）审批单

部门：财务科　　　　2×18年12月19日

经手人	甄紫曦	事由	预交本月增值税
项目名称	金额（元）	付款（结算）方式	备注
应交增值税	149 940.00	银行转账	
合　计	149 940.00		
单位负责人审批	财务主管	部门领导	出纳员
同意。 李永春	同意。 钱一凡		张理财

附单据 1 张

业务 37-2-2

ICBC 中国工商银行　电子缴税付款凭证

委托日期 2×18年12月19日　　　　凭证字号：02567256

纳税人全称及纳税人识别号：光明市永春机械公司 91310040213456070M

付款人全称：光明市永春机械公司

付款人账号：230045006　　　　征收机关名称：光明市税务分局

付款人开户银行：工商银行光明市支行　　　　收款国库(银行)名称：国家金库光明市支库

小写(合计)金额：¥149 940.00　　　　缴款书交易流水号：9131136512M

大写(合计)金额：人民币壹拾肆万玖仟玖佰肆拾元整　　　　税票号码：127159191070216812

税费种名称	所属时期	实缴金额
增值税	2×18-12-01—2×18-12-15	¥149 940.00
第一次打印	打印时间：2×18-12-19	

（印章：中国工商银行光明市支行 2×18年12月19日 转讫）

第二联　作付款回单　　　　复核：李鼎旺　　　　记账：药景明

业务 38-3-1

光明市永春机械公司 报账（付款）审批单

部门：供销科　　　　2×18年12月19日

经手人	鲍巩英	事由	购料冲销预付货款
项目名称	金额（元）	付款（结算）方式	备注
采购材料	900 000.00	预付账款	上月已预付货款900 000元，实际结算928 000元，不足款项28 000元留待下次结算
	28 000.00	应付账款	
合　计	928 000.00		
单位负责人审批	财务主管	部门领导	出纳员
同意。 李永春	同意。 钱一凡	同意。 卜发愁	

附单据 2 张

业务 38-3-2

光明市永春机械公司 收料单

编号：107

供货单位：武汉市远程机械公司　　2×18年12月19日　　仓库：原料库

材料类别	材料编号	名称及规格	计量单位	数量		实际成本（元）			
				应收	实收	发票价格	采购费用	合计	单价
（略）	（略）	甲材料	千克	8 000	8 000	800 000		800 000	100.00
合计									

二 财务联

供销主管：卜发愁　保管员：特认真　记账：高桂格　制单：艾志丹

业务 38-3-3

湖北增值税专用发票

№ 15452132

湖北省 发票联 国家税务总局监制

42022184130

开票日期：2×18年12月16日

购买方 名称	光明市永春机械公司
纳税人识别号	91310040213456070M
地址、电话	光明市建设路68号 98706543
开户行及账号	工商银行光明市支行 230045006
密码区	（略）

货物或应税劳务、服务名称	规格型号	单位	数量	单价	金额	税率	税额
甲材料		千克	8 000	100.00	800 000.00	16%	128 000.00
合计					¥800 000.00		¥128 000.00
价税合计（大写）	⊗玖拾贰万捌仟元整				（小写）¥928 000.00		

冲销预付账款

销售方 名称	武汉市远程机械公司
纳税人识别号	91420106316454856A
地址、电话	武汉市三环路136号 456089420
开户行及账号	工商银行三环路办事处 382246790
备注	武汉市远程机械公司 91420106316454856A 发票专用章

收款人：黄锦溪　复核：　开票人：孙大光　销售方（章）

第三联 发票联 购买方记账凭证

业务 39-2-1

光明市永春机械公司 报账（付款）审批单

部门：财务科　　2×18年12月19日

经手人	甄紫曦	事由	偿还前欠光明市鸿运机械公司货款
项目名称	金额（元）	付款（结算）方式	备注
应付账款	300 000.00	转账支票	
合计	300 000.00		
单位负责人审批	财务主管	部门领导	出纳员
同意。 李永春	同意。 钱一凡	同意。 卜发愁	张理财

附单据 1 张

业务提示

业务39-2-2

中国工商银行 转账支票存根

支票号码 18203137

附加信息

出票日期：2×18年12月19日

收款人：	光明市鸿运机械公司
金　额：	300 000.00
用　途：	偿还前欠货款

单位主管：李永春　　会计：高桂格

业务40

中国工商银行 收费凭单

交易时间：2×18-12-19　09:26:43

客户名称：光明市永春机械公司

缴费账号：230045006　　序号：

缴费方式：转账　　币种：人民币

实缴金额：100.00

缴费明细

序号	实缴金额	收费种类名称
1	50.00	转账支票工本费
2	50.00	现金支票工本费

交易网点：0725　　交易柜员：d638

中国工商银行光明市支行 2×18.12.19 业务办讫(03)章

邵复月

客户交费回单

业务41-2-1

光明增值税专用发票

№ 15459861

3102184130　　发票联　　开票日期：2×18年12月21日

购买方	名称：光明市永春机械公司 纳税人识别号：91310040213456070M 地址、电话：光明市建设路68号 98706543 开户行及账号：工商银行光明市支行 230045006			密码区	（略）		
货物或应税劳务、服务名称	规格型号	单位	数量	单价	金额	税率	税额
水费		m^3	4 000	5.00	20 000.00	10%	2 000.00
合计					¥20 000.00		¥2 000.00
价税合计（大写）	⊗贰万贰仟元整					（小写）	¥22 000.00
销售方	名称：光明市供水公司 纳税人识别号：913106063522232ABE 地址、电话：光明市临港路185号 98024626 开户行及账号：工商银行临港路办事处 384567790			备注	光明市供水公司 913106063522232ABE 发票专用章		

收款人：吴梅花　　复核：　　开票人：商永康　　销售方（章）

第三联 发票联 购买方记账凭证

注：自2018年5月1日起，自来水的增值税税率由11%改为10%。

业务41-2-2

ICBC 中国工商银行　同城特约托收凭证（付款通知）　5

委托日期2×18年12月21日　　流水号：002185462

付款人	全　称	光明市永春机械公司	收款人	全　称	光明市供水公司
	账号或地址	230045006		账号或地址	384567790
	开户行	工行光支		开户行	工行临港办
委收金额	人民币（大写）	贰万贰仟元整		亿千百十万千百十元角分	¥2200000
款项内容	水费	合同号		托收凭据名称 增值税专用发票	单证张数 1
备注：付款人开户银行收到日期为2×18年12月21日 复核　记账		付款人开户银行签章 2×18年12月21日		付款人注意： 1.上列款项为“见票即付”。 2.上列款项如有误，请与收款单位协商解决。	

此联交付款人作付款通知

（印章：中国工商银行光明市支行 2×18年12月21日 转讫）

业务42

ICBC 中国工商银行计收借款利息单（付款通知）

委托日期2×18年12月21日　　借据号9821201228011501

客户号	3001356088	结算账号	230045006	单位名称	光明市永春机械公司
计息类型	经营周转借款	计息起讫日期	2×18.09.21至2×18.12.20		
正常本金/积数	288 000 000.00	利率	0.7%/月	利息	67 200.00
逾期本金/积数		利率		利息	
欠息/积数		利率		利息	
利息金额合计	人民币（大写）陆万柒仟贰佰元整		¥67 200.00		

银行盖章：　　复核：

客户联

（印章：中国工商银行光明市支行 2×18年12月21日 转讫）

业务43

ICBC 中国工商银行计付存款利息单（收账通知）

委托日期2×18年12月21日

客户号	3001356088	结算账号	230045006	单位名称	光明市永春机械公司
计息类型	活期存款	计息起讫日期	2×18.09.21至2×18.12.20		
正常本金/积数	495 000 000.00	利率	0.3%/年	利息	4 125.00
逾期本金/积数		利率		利息	
欠息/积数		利率		利息	
利息金额合计	人民币（大写）肆仟壹佰贰拾伍元整		¥4 125.00		

银行盖章：　　复核：

客户联

（印章：中国工商银行光明市支行 2×18年12月21日 转讫）

业务 44-2-1

ICBC 中国工商银行 同城特约托收凭证（付款通知） 5

委托日期 2×18 年 12 月 21 日　　　　流水号：0021854671

付款人		收款人	
全　称	光明市永春机械公司	全　称	光明市供电公司
账号或地址	230045006	账号或地址	230030487
开户行	工行光支	开户行	工行南办

委收金额	人民币（大写）	亿	千	百	十	万	千	百	十	元	角	分
	贰拾柒万陆仟零捌拾元整			¥	2	7	6	0	8	0	0	0

款项内容	电费	合同号		托收凭据名称	增值税专用发票	单证张数	1

备注：付款人开户行收到日期为 2×18 年 12 月 21 日

复核　　记账

付款人开户银行签章 2×18 年 12 月 21 日

（中国工商银行光明市支行 2×18年12月21日 转讫）

付款人注意：
1. 上列款项为“见票即付”。
2. 上列款项如有误，请与收款单位协商解决。

此联交付款人作付款通知

业务 44-2-2

光明增值税专用发票

（全国统一发票监制章 光明市 国家税务总局监制）

发票联

3102184130　　　　No 15459063

开票日期：2×18年12月21日

购买方	
名　　称：	光明市永春机械公司
纳税人识别号：	91310040213456070M
地址、电话：	光明市建设路 68 号 98706543
开户行及账号：	工商银行光明市支行 230045006

密码区：（略）

货物或应税劳务、服务名称	规格型号	单位	数量	单价	金额	税率	税额
电费		度	297 500	0.80	238 000.00	16%	38 080.00
合　计					¥238 000.00		¥38 080.00

价税合计（大写）　⊗贰拾柒万陆仟零捌拾元整　（小写）¥276 080.00

销售方	
名　　称：	光明市供电公司
纳税人识别号：	913105063522NAH829
地址、电话：	光明市虹桥路 285 号 66024626
开户行及账号：	工商银行南大办事处 230030487

备注：（光明市供电公司 913105063522NAH829 发票专用章）

收款人：吴伟宏　　复核：　　开票人：张定国　　销售方（章）

第三联 发票联 购买方记账凭证

业务 45-3-1

光明市永春机械公司　产品出库单

仓库：成品库

购买方：昆明市金花机械公司　　2×18 年 12 月 23 日　　编号：405

产品编号	规格	产品名称	计量单位	数量 应发	数量 实发	单位成本	金额	备注
（略）	（略）	A 产品	台	200	200			货物由对方自提
		B 产品	台	300	300			

供销主管：卜发愁　　保管员：甄仔细　　记账：高桂格　　制单：严尧秋

二 财务联

业务45-3-2

光明增值税专用发票

No 15452156

3102184130　　此联不作报销、扣税凭证使用　　开票日期：2×18年12月23日

购买方	名　　称：昆明市金花机械公司 纳税人识别号：91650120314953538A 地 址、电 话：昆明市航空路172号 21074666 开户行及账号：工商银行昆明市支行 280500004				密码区	（略）		
货物或应税劳务、服务名称	规格型号	单位	数　量	单　价	金　额	税率	税　额	
A产品		台	200	6 000.00	1 200 000.00	16%	192 000.00	
B产品		台	300	4 000.00	1 200 000.00	16%	192 000.00	
合　计					¥2 400 000.00		¥384 000.00	
价税合计（大写）	⊗贰佰柒拾捌万肆仟元整				（小写）¥2 784 000.00			
销售方	名　　称：光明市永春机械公司 纳税人识别号：91310040213456070M 地 址、电 话：光明市建设路68号 98706543 开户行及账号：工商银行光明市支行 230045006				备注	已经办妥银行托收手续。 合同规定货物由购买方自提		

第一联　记账联　销售方记账凭证

收款人：王进勇　　复核：　　开票人：刘富民　　销售方（章）

业务45-3-3

ICBC 中国工商银行　托收凭证（受理回单）　1

委托日期 2×18年12月23日

业务类型	委托收款（☑邮划、☐电划）　托收承付（☐邮划、☐电划）						
付款人	全　称	昆明市金花机械公司		收款人	全　称	光明市永春机械公司	
	账　号	280500004			账　号	230045006	
	地　址	云南省昆明市/县	开户行 工行昆支		地　址	省光明市/县	开户行 工行光支
金额	人民币（大写）	贰佰柒拾捌万肆仟元整			亿千百十万千百十元角分	¥ 2 7 8 4 0 0 0 0 0	
款项内容	货款	托收凭据名称	增值税专用发票		附寄单证张数	2	
商品发运情况			合同名称号码				
备注： 复核　记账		款项收妥日期 年　月　日			收款人开户银行签章 年　月　日		

此联作收款人开户银行给收款人的受理回单

业务46-3-1

光明市永春机械公司　领料单

领料单位：生产车间　　2×18年12月23日　　编号：208　仓库：原料库

材料类别	材料编号	名称及规格	计量单位	数量 请领	数量 实发	单价	金额	领料用途
（略）	（略）	甲材料	千克	4 170	4 170			生产A产品
		乙材料	千克	1 500	1 500			
		丙材料	千克	1 000	1 000			

二　财务联

车间主管：高安全　　保管员：特认真　　记账：高桂格　　制单：艾志丹

业务 46-3-2

光明市永春机械公司 领料单

编号：209

领料单位：生产车间　　2×18年12月23日　　仓库：原料库

材料类别	材料编号	名称及规格	计量单位	数量 请领	数量 实发	单价	金额	领料用途
（略）	（略）	甲材料	千克	1 495	1 495			生产B产品
		乙材料	千克	3 000	3 000			

二 财务联

车间主管：高安全　保管员：特认真　记账：高桂格　制单：艾志丹

业务 46-3-3

光明市永春机械公司 领料单

编号：210

领料单位：供销科　　2×18年12月23日　　仓库：原料库

材料类别	材料编号	名称及规格	计量单位	数量 请领	数量 实发	单价	金额	领料用途
（略）	（略）	丙材料	千克	1 500	1 500			产品销售包装

二 财务联

车间主管：高安全　保管员：特认真　记账：高桂格　制单：艾志丹

业务 47

ICBC 中国工商银行 托收凭证（收款通知） 4

委托日期 2×18年12月21日　　付款期限 2×18年12月23日

业务类型	委托收款（☑邮划、□电划）		托收承付（□邮划、□电划）		
付款人 全称	兰州市明远机械公司		收款人 全称	光明市永春机械公司	
账号	680586004		账号	230045006	
地址	甘肃省兰州市	开户行：工行兰分	地址	省光明市	开户行：工行光支
金额 人民币（大写）	壹佰伍拾柒万元整		亿千百十万千百十元角分	¥157000000	
款项内容	货款	托收凭据名称	商业承兑汇票	附寄单证张数	1
商品发运情况			合同名称号码		

备注：

该商业承兑汇票到期日为2×18年12月23日

复核　记账

上列款项已划回收入你方账户内。

（印章：中国工商银行光明市支行 2×18年12月23日 转讫）

收款人开户银行签章

2×18年12月23日

此联付款人开户行凭以汇款或收款人开户银行作收账通知

业务 48-3-1

光明市永春机械公司 报账（付款）审批单

部门：办公室

2×18年12月25日

经手人	焦吉华	事由	支付职工体检费
项目名称	金额（元）	付款（结算）方式	备注
应付职工薪酬	127 200.00	转账支票	
合　计	127 200.00		
单位负责人审批	财务主管	部门领导	出纳员
同意。 李永春	同意。 钱一凡	同意。 赵婉茹	张理财

附单据 2 张

业务 48-3-2

光明增值税普通发票

发票联

№ 15452062

3102184130

开票日期：2×18年12月25日

购买方	名　　称：光明市永春机械公司 纳税人识别号：91310040213456070M 地 址、电 话：光明市建设路68号 98706543 开户行及账号：工商银行光明市支行 230045006			密码区	（略）		
货物或应税劳务、服务名称	规格型号	单位	数　量	单　价	金　额	税率	税　额
体检费		人/次	120	1 000.00	120 000.00	6%	7 200.00
合　计					￥120 000.00		￥7 200.00
价税合计（大写）	⊗壹拾贰万柒仟贰佰元整				（小写）￥127 200.00		
销售方	名　　称：光明市人民医院 纳税人识别号：91310020124806007E 地 址、电 话：光明市平安路285号 66024820 开户行及账号：建行光明市支行 460078926			备注	光明市人民医院 91310020124806007E 发票专用章		

第二联 发票联 购买方记账凭证

收款人：吴定伟　　复核：　　开票人：张国华　　销售方（章）

业务 48-3-3

ICBC 中国工商银行 转账支票存根

支票号码 18203138

附加信息

出票日期：2×18年12月25日

收 款 人：	光明市人民医院
金　　额：	127 200.00
用　　途：	支付职工体检费

单位主管：李永春　　会计：高桂格

业务49

中国建设银行 电汇凭证 （收账通知） 4

☑普通 □加急 委托日期2×18年12月25日

汇款人	全称	广州市新疆机械公司	收款人	全称	光明市永春机械公司
	账号	580006004		账号	230045006
	汇出行名称	建行广州分行		汇入行名称	工行光支
金额	人民币（大写）	叁拾伍万元整	亿千百十万千百十元角分		¥35000000
此汇款已收入收款人账户。			支付密码		
			附加信息及用途：广州市新疆机械公司预付购货款。		
汇入行签章			复核： 记账： 年 月 日		

此联给收款人的收账通知

（印章：中国工商银行光明市支行 2×18年12月25日 转讫）

业务50-3-1

光明市永春机械公司 报账（付款）审批单

部门：供销科 2×18年12月25日

经手人	鲍巩英	事由	支付产品销售运费
项目名称	金额（元）	付款（结算）方式	备注
销售费用	174 570.00	转账支票	集中结算本月销售运费
合 计	174 570.00		
单位负责人审批	财务主管	部门领导	出纳员
同意。 李永春	同意。 钱一凡	同意。 卜发愁	张理财

附单据 2 张

业务50-3-2

光明增值税专用发票

No 15456869

3102184130

发票联（全国统一发票监制章 国家税务总局监制）

开票日期：2×18年12月25日

购买方	名称：光明市永春机械公司 纳税人识别号：91310040213456070M 地址、电话：光明市建设路68号98706543 开户行及账号：工商银行光明市支行230045006			密码区	（略）		
货物或应税劳务、服务名称	规格型号	单位	数量	单价	金额	税率	税额
运费		吨公里	132 250	1.20	158 700.00	10%	15 870.00
合计					¥158 700.00		¥15 870.00
价税合计（大写）	⊗壹拾柒万肆仟伍佰柒拾元整				（小写）¥174 570.00		
销售方	名称：光明市顺风物流公司 纳税人识别号：91310206382224857A 地址、电话：光明市奉化街185号69024662 开户行及账号：工商银行奉化街办事处382200798			备注	（印章：光明市顺风物流公司 91310206382224857A 发票专用章）		

收款人：赵广华 复核： 开票人：刘财富 销售方（章）

第三联 发票联 购买方记账凭证

业务50-3-3

ICBC 中国工商银行 转账支票存根

支票号码18203139

附加信息

出票日期：2×18年12月25日

收 款 人：	光明市顺风物流公司
金 额：	174 570.00
用 途：	支付产品销售运费

单位主管：李永春　　会计：高桂格

业务51

光明市永春机械公司 产品入库单

交库单位：生产车间　　2×18年12月25日　　仓库：成品库　编号：303

材料编号	规格	产品名称	计量单位	数量		单位成本	总成本	备注
				送检	实收			
（略）	（略）	A产品	台	200	200			完工入库
		B产品	台	200	200			

二 财务联

车间主管：高安全　保管员：甄仔细　记账：高桂格　制单：严尧秋

业务52-3-1

光明市永春机械公司 报账（付款）审批单

部门：供销科　　2×18年12月27日

经手人	鲍巩英	事由	支付购进甲材料款
项目名称	金额（元）	付款（结算）方式	备注
材料采购	510 400.00	委托收款——付款通知	合同规定运费由对方负担，材料尚在运输途中
合 计	510 400.00		
单位负责人审批	财务主管	部门领导	出纳员
同意。李永春	同意。钱一凡	同意。卜发愁	张理财

附单据2张

业务 52-3-2

广东增值税专用发票

发票联

No 15756800

5102184130

开票日期：2×18年12月25日

购买方	名称：光明市永春机械公司 纳税人识别号：91310040213456070M 地址、电话：光明市建设路68号 98706543 开户行及账号：工商银行光明市支行 230045006				密码区	（略）		
货物或应税劳务、服务名称	规格型号	单位	数量	单价	金额	税率	税额	
甲材料		千克	4 400	100.00	440 000.00	16%	70 400.00	
合计					¥440 000.00		¥70 400.00	
价税合计（大写）	⊗伍拾壹万零肆佰元整					（小写）¥510 400.00		
销售方	名称：广州市望海机械公司 纳税人识别号：91510035918338380A 地址、电话：广州市迎泽路567号 89514716 开户行及账号：建设银行迎泽路办事处 400058223				备注	广州市望海机械公司 91510035918338380A 发票专用章		

收款人：李芳华　　复核：张红霞　　开票人：王天明　　销售方（章）

第三联 发票联 购买方记账凭证

业务 52-3-3

ICBC 中国工商银行　托收凭证（付款通知）　5

委托日期 2×18年12月27日　　付款期限 2×18年12月27日

业务类型	委托收款（☑邮划、□电划）　托收承付（□邮划、□电划）					
付款人 全称	光明市永春机械公司		收款人 全称	广州市望海机械公司		
账号	230045006		账号	400058223		
地址	省光明市/县	开户行 工行光支	地址	广东省光明市/县	开户行 建行迎办	
金额 人民币（大写）	伍拾壹万零肆佰元整			千百十万千百十元角分	¥ 5 1 0 4 0 0 0 0	
款项内容	货款	托收凭据名称	增值税专用发票	附寄单证张数	2	
商品发运情况		合同名称号码				
备注： 复核　记账	付款人开户银行签章 中国工商银行光明市支行 2×18年12月27日 转讫 2×18年12月27日	付款人注意： 1.根据支付结算办法，上列委托收款(托收承付)款项在付款期限内未提出拒付，即视为同意付款，以此代付款通知。 2.如需提出全部或部分拒付，应在规定期限内，将拒付理由书并附债务证明退交开户银行。				

此联为付款人开户银行给付款人的按期付款通知

业务 53

ICBC 中国工商银行　现金支票存根

支票号码 18103121

附加信息

出票日期：2×18年12月27日

收款人：光明市永春机械公司

金额：7 000.00

用途：备用

单位主管：李永春　　会计：高桂格

业务提示

业务54

借　款　单

2×18年12月27日

借款单位：供销科		
借款理由：参加会议		
借款金额：人民币（大写）陆仟元整		¥6 000.00
本部门负责人意见：同意。卜发愁	借款人签字：鲍巩英	
会计主管审批：同意。钱一凡	付款方式：库存现金	出纳：张理财

现金付讫

业务55

中华人民共和国 印花税票销售凭证

(2×18)光税印 30756441

填发日期：2×18年12月27日

购买单位	光明市永春机械公司			购买人	张理财
购买印花税票					
面值种类	数量	金额	面值种类	数量	金额
壹角票			伍元票	7	35.00
贰角票			拾元票	1	10.00
伍角票			伍拾元票	1	50.00
壹元票	1	1.00	壹佰元票	1	100.00
贰元票	2	4.00	总计	13	200.00
金额合计	人民币（大写）贰佰元整				
销售单位（盖章）	售票人（章）		备注		

第二联 购买单位记账凭证

光明市税务局 票据专用章　刘波 之印　现金付讫

（印花税票应贴于账簿扉页的右上角并划斜线注销）

业务56-3-1

光明市永春机械公司 报账（付款）审批单

部门：供销科

2×18年12月29日

经手人	鲍巩英	事由	销售产品，冲销预收账款
项目名称	金额（元）	付款（结算）方式	备注
产品销售	1 600 800.00	预收账款	上月已预收1 500 000元，余款100 800元留待下次结算
合　计	1 600 800.00		
单位负责人审批	财务主管	部门领导	出纳员
同意。李永春	同意。钱一凡	同意。卜发愁	张理财

附单据1张

业务 56-3-2

光明增值税专用发票

№ 15452157

3102184130

记账联

开票日期：2×18年12月29日

购买方	名　　称：光明市通宝机械公司 纳税人识别号：91310320314954649A 地 址、电 话：光明市东方路72号 28670066 开户行及账号：建设银行光明市分行 980510104				密码区	（略）		
货物或应税劳务、服务名称	规格型号	单位	数　量	单　价	金　额	税率	税 额	
A产品 B产品		台 台	150 120	6 000.00 4 000.00	900 000.00 480 000.00	16% 16%	144 000.00 76 800.00	
合　计	冲销预付账款				￥1 380 000.00		￥220 800.00	
价税合计（大写）	⊗壹佰陆拾万零捌佰元整				（小写）￥1 600 800.00			
销售方	名　　称：光明市永春机械公司 纳税人识别号：91310040213456070M 地 址、电 话：光明市建设路68号 98706543 开户行及账号：工商银行光明市支行 230045006				备注			

收款人：王进勇　　复核：　　开票人：刘富民　　销售方（章）

第一联 记账联 销售方记账凭证

光明市永春机械公司 91310040213456070M 发票专用章

业务 56-3-3

光明市永春机械公司　产品出库单

仓库：成品库

购买方：光明市通宝机械公司　　2×18年12月29日　　编号：406

产品编号	规格	产品名称	计量单位	数量		单位成本	金额	备注
				应发	实发			
（略）	（略）	A产品	台	150	150			预收货款方式销售
		B产品	台	120	120			

供销主管：卞发愁　　保管员：甄仔细　　记账：高桂格　　制单：严尧秋

二 财务联

业务 57

ICBC 中国工商银行　还款凭证

2×18年12月31日

银行打印	（略）				
客户填写	付款人（还款人）	姓　名	光明市永春机械公司	还款人	姓　名：光明市永春机械公司
		还款账号	230045006		收款账号：
		开户行	工商银行光明市支行		开户行：
	贷款账号			贷款种类	
	合同编号			借据序号	
	还款方式	按金额☑　按期数☐		还款期数	
	还款金额	人民币（大写）叁拾万元整		千百十万千百十元角分	￥3 0 0 0 0 0 0 0
	还款类型	提前还款☐　归还逾期☐　归还当期利息☐　违约金☐			
	其中：提前还款	一次性还清☐　提前部分还款☐　贷款转出结清☐　归还当期本息☐			
	提前还款后选择	还款期内仍继续扣款☐　还款期内不再扣款☐　缩短还款期☐			
	备注：		客户签字：		

中国工商银行光明市支行 2×18年12月31日 讫

第二联 归还本金

业务 58-3-1

光明市永春机械公司 报账（付款）审批单

部门：供销科　　　　2×18年12月31日

经手人	鲍巩英	事由	预付购货款
项目名称	金额（元）	付款（结算）方式	备注
预付账款	214 000.00	转账支票	预付广州市望海机械公司购货款
合　计	214 000.00		
单位负责人审批	财务主管	部门领导	出纳员
同意。 李永春	同意。 钱一凡	同意。 卜发愁	张理财

附单据 2 张

业务提示

业务 58-3-2

ICBC 中国工商银行　电汇凭证　（回　单）　1

☐普通　☑加急　　委托日期 2×18年12月31日　　第1号

汇款人	全　称	光明市永春机械公司	收款人	全　称	广州市希望机械公司
	账　号	230045006		账　号	400058116
	汇出地点	光明 省 市/县		汇出地点	广东省广州 市/县
	汇出行名称	工商银行光明市支行		汇入行名称	工商银行天明路办事处

金额	人民币（大写）	亿	千	百	十	万	千	百	十	元	角	分
	贰拾壹万肆仟元整			¥	2	1	4	0	0	0	0	0

支付密码

附加信息及用途：预付购货款。

汇出行签章　年　月　日　　复核：　记账：

此联汇出行给汇款人的回单

中国工商银行光明市支行 2×18年12月31日 转讫

业务 58-3-3

ICBC 中国工商银行邮、电手续费收费凭证（借方凭证）①

委托日期：2×18年12月31日　　No.2673

缴款人名称	光明市永春机械公司	信（电）汇 1 笔　汇票　笔　其他　笔	
账　号	230045006	异托、委托　笔　支票　本　专用托收　笔	

邮费金额					电报费金额					手续费金额					合计金额					
百	十	元	角	分	百	十	元	角	分	百	十	元	角	分	千	百	十	元	角	分
										1	0	7	0	0	¥	1	0	7	0	0

合计金额　人民币（大写）：壹佰零柒元整

签　章

中国工商银行光明市支行 2×18年12月31日 转讫

复核：　　收款：王玉芳　　制单：

第五章　成本计算与期末会计事项的处理

（1）**成本计算，**是指按成本计算对象并分成本项目，进行生产费用的归集和分配，并在此基础上计算产品成本，包括：材费费用、工薪费用、水电费用、折旧费用和制造费用的归集与分配，以及将生产费用在完工产品和在产品之间进行分配，计算并结转完工产品成本。

（2）**期末会计事项，**是指按照应计制的要求，对有关收入和费用进行账项调整，包括：❶已销产品成本的计算与结转；❷有关税费的计算与结转；❸短期借款利息费用的计提与结转；❹无形资产摊销的计提与结转；❺为计算本年利润进行损益类账户的结转；❻所得税的年终汇算清缴与结转；❼利润分配的计算与结转；❽未分配利润的计算与结转。

（3）**成本计算与期末会计事项处理的要求：**包括：❶根据有关账簿记录填制原始凭证并编制记账凭证；❷根据审核无误的记账凭证登记有关明细账；❸编制第三张“科目汇总表”；❹根据第三张“科目汇总表”登记总分类账；❺对总账和明细账进行结账。

成本计算与期末会计事项的处理，见业务59—业务74所给出的原始凭证。

业务59-2-1

原材料加权平均单位成本计算表

2×18年12月31日

金额单位：元

材料名称	期初结存		本期收入		加权平均单位成本
	数量	金额	数量	金额	
甲材料					
乙材料					
丙材料					
合　计	—	809 000	—	2 575 000	—

会计主管：钱一凡　　制单：刘景明　　复核：高桂格

业务59-2-2

发料凭证汇总表

2×18年12月31日

附件______张

金额单位：元

材料名称 / 用途	甲材料		乙材料		丙材料		金额合计
	数量	金额	数量	金额	数量	金额	
A产品生产领用							
B产品生产领用					—		
车间一般耗用			—				
销售部门领用	—		—				
合　计							2 824 500

会计主管：钱一凡　　制单：刘景明　　复核：高桂格

业务60

应付工资费用分配汇总表

2×18年12月31日　　　　单位：元

车间或部门		应付职工薪酬				合　计
		基本工资	津　贴	奖　金	其　他	
生产工人	A产品	230 000	150 000	24 000	15 000	450 000
	B产品	180 000	120 000	21 000	12 000	350 000
	小计	410 000	270 000	45 000	27 000	800 000
车间管理人员		30 000	10 000	5 000	3 000	50 000
专设销售机构人员		20 000	11 000	12 000	2 000	50 000
行政管理人员		64 000	17 000	5 000	5 000	100 000
合　计		524 000	308 000	67 000	37 000	1 000 000

会计主管：钱一凡　　制单：刘景明　　复核：高桂格

业务61

职工福利费计提表

2×18年12月31日　　　　金额单位：元

车间或部门（人员类别）		工资总额	计提比例	计提金额
生产工人	A产品	450 000	14%	
	B产品	350 000	14%	
	小　计	800 000	14%	
车间管理人员		50 000	14%	
专设销售机构人员		50 000	14%	
行政管理人员		100 000	14%	
合　计		1 000 000		140 000

会计主管：钱一凡　　制单：刘景明　　复核：高桂格

业务62

水电费用计算分配表

2×18年12月31日　　　　金额单位：元

项目 / 部门	水费分配			电费分配			总　计
	耗用量（m^3）	单　价	金　额	耗用量（度）	单　价	金　额	
生产车间	2 000	5.00	10 000	200 000	0.80	160 000	170 000
行政管理部门	2 100	5.00	10 500	100 000	0.80	80 000	90 500
合　计	4 100		20 500	300 000		240 000	260 500

会计主管：钱一凡　　制单：刘景明　　复核：高桂格

业务63

固定资产折旧计算汇总表

2×18年12月31日

金额单位：元

使用部门	固定资产类别	月初固定资产原值	月折旧率	月折旧额
生产车间	房屋及建筑物	5 000 000	0.4%	
	机器设备	23 000 000	0.8%	
	小计	28 000 000		
专设销售机构	房屋及建筑物	2 000 000	0.2%	
	管理用设备	1 000 000	0.6%	
	小计	3 000 000		
企业管理部门	房屋及建筑物	15 000 000	0.2%	
	管理用设备	3 000 000	0.6%	
	小计	18 000 000		
合　计		49 000 000		262 000

会计主管：钱一凡　　制单：刘景明　　复核：高桂格

业务64

制造费用分配表

2×18年12月31日

金额单位：元

车间或产品	分配标准（生产工人工资）	分配率	分配金额
A产品	450 000		
B产品	350 000		
合计	800 000	—	

会计主管：钱一凡　　制单：刘景明　　复核：高桂格

业务65-2-1

月末在产品定额成本资料表

金额单位：元

在产品名称	计量单位	数量	直接材料		直接人工		制造费用		定额成本合计
			成本定额	定额成本	成本定额	定额成本	成本定额	定额成本	
A产品	台	20	1 200	24 000	300	6 000	250	5 000	35 000
B产品	台	88	500	44 000	250	22 000	150	13 200	79 200
合　计				68 000		28 000		18 200	114 200

业务65-2-2

产品成本计算表

附件____张

2×18年12月31日　　单位：元

产品名称 / 成本项目	A产品（______台）		B产品（______台）	
	总成本	单位成本	总成本	单位成本
直接材料				
直接人工				
制造费用				
生产成本合计	2 256 000		1 630 000	

会计主管：钱一凡　　制单：刘景明　　复核：高桂格

业务66

主营业务成本计算表

附件____张

2×18年12月31日　　金额单位：元

材料名称	期初结存		本期收入		加权平均单位成本	本期销售	
	数量	金额	数量	金额		数量	金额
A产品							
B产品							
合计	—	1 442 000	—	3 886 000	—		

会计主管：钱一凡　　制单：刘景明　　复核：高桂格

业务67

应纳增值税及转出未交增值税计算表

2×18年12月31日　　单位：元

项目	当期销项税额	当期进项税额	当期应纳增值税额	已交增值税	转出未交增值税
	①	②	③=①-②	④	⑤=③-④
金额					

会计主管：钱一凡　　制单：刘景明　　复核：高桂格

业务68

税金及附加计算表

2×18年12月31日　　金额单位：元

项目	计税依据	税（费）率	应纳税（费）额
城建税		7%	
教育费附加		3%	
合计			

会计主管：钱一凡　　制单：刘景明　　复核：高桂格

业务69

短期借款利息计提表

2×18年12月31日　　　　金额单位：元

借款名称	借款金额	计息月份	借款月利率	计提金额
短期借款——工行光支	3 900 000	12月	7‰	27 300
利 息 合 计				27 300

会计主管：钱一凡　　制单：刘景明　　复核：高桂格

业务70

无形资产摊销计提表

2×18年12月31日　　　　金额单位：元

名 称	入账时间	原 值	摊销年限	已摊销月数	本月应摊销金额	备 注
专利技术	2×14.12.31	900 000	10	48		自用
管理软件	2×18.12.03	180 000	10	0		自用
合 计						

会计主管：钱一凡　　制单：刘景明　　复核：高桂格

业务71

本月损益类账户发生额汇总表

2×18年12月31日　　　　单位：元

收入类账户		结转前贷方发生额	费用类账户		结转前借方发生额
主营业务收入	A产品		主营业务成本	A产品	
	B产品			B产品	
营业外收入			税金及附加		
			销售费用		
			管理费用		
			财务费用		
			营业外支出		
合 计		9 109 994	合 计		5 253 994

会计主管：钱一凡　　制单：严尧秋　　复核：高桂格

业务72-2-1

损益类账户1—11月份累计发生额汇总表

账户名称	1—11月份累计发生额	账户名称	1—11月份累计发生额
主营业务收入	44 320 000（贷方）	销售费用	5 195 400（借方）
营业外收入	380 000（贷方）	管理费用	5 871 600（借方）
主营业务成本	21 466 000（借方）	财务费用	219 900（借方）
税金及附加	424 000（借方）	营业外支出	2 143 100（借方）
所得税费用	2 345 000（借方）	本年利润	703 500（贷方）

业务提示

业务72-2-2

企业所得税按月预缴纳税申报表（简易）

税款所属期间：2×18年12月1日至12月31日　　金额单位：元

项　　目	本期金额	累计金额	项　　目	本期金额	累计金额
营业收入			应纳所得税额		
营业成本			实际已预缴所得税额	—	
利润总额			本月实际应补所得税额		—
税率（25%）	25%	25%			

会计主管：钱一凡　　制单：严尧秋　　复核：高桂格

（注：上表的“营业收入”和“营业成本”项目仅填企业发生的主营业务和其他业务，与利润总额计算无关）

业务73

可供分配利润的计算及利润分配表

2×18年度　　单位：元

项　　目	金　　额	项　　目	金　　额
一、本年度净利润		减：实际分配利润	
减：本年度应提取法定盈余公积		其中：港城投资公司（40%）	
二、扣除盈余公积后的本年净利润		海虹机械公司（40%）	
加：年初未分配利润	590 000	虹桥房产集团（20%）	
三、本年度可供分配的净利润		四、本年度累计未分配利润	

会计主管：钱一凡　　制单：严尧秋　　复核：高桂格

注：经公司董事会讨论决定，本年度实际分配利润740万元。

业务74

净利润和已分配利润结转及未分配利润计算表

2×18年度　　单位：元

结转情况 / 账户名称	结转前余额		实际结转		结转后余额	
	借方	贷方	借方	贷方	借方	贷方
本年利润	—			—	无	无
利润分配——提取法定盈余公积		—	—		无	无
利润分配——应付股利		—	—		无	无
利润分配——未分配利润	—				—	2 127 000

会计主管：钱一凡　　制单：刘景明　　复核：高桂格

第六章 编制会计报表

编制会计报表，是指根据试算平衡表结合账簿记录编制会计报表。包括：❶编制“总分类账户发生额及余额试算平衡表”；❷编制“资产负债表”；❸编制年度“利润表”。

编制会计报表的要求：包括：❶根据总分类账簿记录编制“总分类账户发生额及余额试算平衡表”；❷根据“总分类账户发生额及余额试算平衡表”的“期末余额”栏数字，参考有关明细账编制“资产负债表”；❸根据“总分类账户发生额及余额试算平衡表”的“本月发生额”栏数字和“损益类账户1—11月份累计发生额汇总表”，编制12月份的“利润表”。

业务75

总分类账户发生额及余额试算平衡表

2×18年12月

单位：元

行次	会计科目	月初余额		本月发生额		期末余额	
		借方	贷方	借方	贷方	借方	贷方
1	库存现金	2 000					
2	银行存款	9 803 194					
3	应收票据	2 640 000					
4	应收账款	2 848 500					
5	预付账款	895 000					
6	其他应收款	5 500					
7	在途物资	88 000					
8	原材料	809 000					
9	库存商品	1 442 000					
10	固定资产	49 000 000					
11	累计折旧		8 671 400				
12	在建工程	300 000					
13	无形资产	900 000					
14	累计摊销		360 000				
15	生产成本	183 700					
16	制造费用						

续表

行次	会计科目	月初余额		本月发生额		期末余额	
		借　方	贷　方	借　方	贷　方	借　方	贷　方
17	短期借款		3 500 000				
18	应付票据		640 000				
19	应付账款		202 094				
20	预收账款		1 431 200				
21	应交税费		760 000				
22	应付职工薪酬		967 200				
23	应付利息		45 200				
24	应付股利						
25	其他应付款		600				
26	实收资本		42 000 000				
27	资本公积		511 600				
28	盈余公积		2 202 600				
29	利润分配		590 000				
30	本年利润		7 035 000				
31	主营业务收入						
32	营业外收入						
33	营业外支出						
34	主营业务成本						
35	税金及附加						
36	销售费用						
37	管理费用						
38	财务费用						
39	所得税费用						
合　计		68 916 894	68 916 894	83 387 147	83 387 147	71 764 100	71 764 100

业务76

资产负债表

编制单位：（盖章）　　2×18年12月31日　　会企01表　单位：元

财会〔2018〕15号文

资　产	期末余额	年初余额	负债和所有者权益	期末余额	年初余额
流动资产：		（略）	流动负债：		（略）
货币资金			短期借款		
以公允价值计量且其变动计入当期损益的金融资产			以公允价值计量且其变动计入当期损益的金融资产		
衍生金融资产			衍生金融负债		
应收票据及应收账款			应付票据及应付账款		
预付款项			预收款项		
其他应收款			应付职工薪酬		
存货			应交税费		
持有待售资产			其他应付款		
其他流动资产			持有待售负债		
一年内到期的非流动资产			一年内到期的非流动负债		
流动资产合计			其他流动负债		
非流动资产：			流动负债合计		
可供出售金融资产			非流动负债：		
持有至到期投资			长期借款		
长期应收款			应付债券		
长期股权投资			长期应付款		
投资性房地产			递延所得税负债		
固定资产			负债合计		
在建工程			所有者权益：		
无形资产			实收资本		
开发支出			其他权益工具		
商誉			资本公积		
长期待摊费用			其他综合收益		
递延所得税资产			盈余公积		
其他非流动资产			未分配利润		
非流动资产合计			所有者权益合计		
资产总计	62 594 900		负债和所有者权益总计	62 594 900	

业务77

利　润　表

编制单位：（盖章）　　　　2×18年12月　　　　会企02表　单位：元

项　目	本期金额	本年累计
一、营业收入		
减：营业成本		
税金及附加		
销售费用		
管理费用		
研发费用		
财务费用		
其中：利息费用		
利息收入		
资产减值损失		
加：其他收益		
投资收益（损失以“－”号填列）		
其中：对联营企业和合营企业的投资收益		
公允价值变动收益（损失以“－”号填列）		
资产处置收益（损失以“－”号填列）		
二、营业利润（亏损以“－”号填列）		
加：营业外收入		
减：营业外支出		
三、利润总额（亏损总额以“－”号填列）		
减：所得税费用		
四、净利润（净亏损以“－”号填列）		
（一）持续经营净利润（净亏损以“－”号填列）	2 877 000	9 912 000
（二）终止经营净利润（净亏损以“－”号填列）		
五、其他综合收益的税后净额		
（一）以后不能重分类进损益的其他综合收益		
（二）以后将重分类进损益的其他综合收益		
六、综合收益总额		
七、每股收益		
（一）基本每股收益		
（二）稀释每股收益		

附 录 会计模拟实验用空白记账凭证、账页及封皮

总号	
分号	

收 款 凭 证

借方科目________ 年 月 日 附件 张

摘要	应贷科目		过账	金额									
	一级科目	二级及明细科目		亿	千	百	十	万	千	百	十	元	角分
	应付职工薪酬												
合计													

财会主管 记账 出纳 复核 制单

总号	
分号	

收 款 凭 证

借方科目________ 年 月 日 附件 张

摘要	应贷科目		过账	金额									
	一级科目	二级及明细科目		亿	千	百	十	万	千	百	十	元	角分
合计													

财会主管 记账 出纳 复核 制单

总号	
分号	

收款凭证

借方科目______ 年 月 日 附件 张

摘要	应贷科目		过账	金额									
	一级科目	二级及明细科目		亿	千	百	十	万	千	百	十	元	角	分
合计														

财会主管 记账 出纳 复核 制单

总号	
分号	

收款凭证

借方科目______ 年 月 日 附件 张

摘要	应贷科目		过账	金额									
	一级科目	二级及明细科目		亿	千	百	十	万	千	百	十	元	角	分
合计														

财会主管 记账 出纳 复核 制单

总号	
分号	

收 款 凭 证

借方科目______　　　　年　　月　　日　　　　附件　　　　张

摘要	应贷科目		过账	金额										
	一级科目	二级及明细科目		亿	千	百	十	万	千	百	十	元	角	分
合计														

财会主管　　　　记账　　　　出纳　　　　复核　　　　制单

总号	
分号	

收 款 凭 证

借方科目______　　　　年　　月　　日　　　　附件　　　　张

摘要	应贷科目		过账	金额										
	一级科目	二级及明细科目		亿	千	百	十	万	千	百	十	元	角	分
合计														

财会主管　　　　记账　　　　出纳　　　　复核　　　　制单

总号	
分号	

收 款 凭 证

借方科目…………　　　　年　　月　　日　　　　附件　　　　张

摘　要	应贷科目		过账	金额										
	一级科目	二级及明细科目		亿	千	百	十	万	千	百	十	元	角	分
合计														

财会主管　　　　记账　　　　出纳　　　　复核　　　　制单

总号	
分号	

收 款 凭 证

借方科目…………　　　　年　　月　　日　　　　附件　　　　张

摘　要	应贷科目		过账	金额										
	一级科目	二级及明细科目		亿	千	百	十	万	千	百	十	元	角	分
合计														

财会主管　　　　记账　　　　出纳　　　　复核　　　　制单

总号	
分号	

收款凭证

借方科目…………　　　　年　　月　　日　　　　附件　　　　张

摘要	应贷科目		过账	金额										
	一级科目	二级及明细科目		亿	千	百	十	万	千	百	十	元	角	分
合计														

财会主管　　　　记账　　　　出纳　　　　复核　　　　制单

总号	
分号	

收款凭证

借方科目…………　　　　年　　月　　日　　　　附件　　　　张

摘要	应贷科目		过账	金额										
	一级科目	二级及明细科目		亿	千	百	十	万	千	百	十	元	角	分
合计														

财会主管　　　　记账　　　　出纳　　　　复核　　　　制单

总号	
分号	

收款凭证

借方科目______　　　　年　　月　　日　　　　附件　　　　张

摘要	应贷科目		过账	金额										
	一级科目	二级及明细科目		亿	千	百	十	万	千	百	十	元	角	分
合计														

财会主管　　　　记账　　　　出纳　　　　复核　　　　制单

总号	
分号	

收款凭证

借方科目______　　　　年　　月　　日　　　　附件　　　　张

摘要	应贷科目		过账	金额										
	一级科目	二级及明细科目		亿	千	百	十	万	千	百	十	元	角	分
合计														

财会主管　　　　记账　　　　出纳　　　　复核　　　　制单

总号	
分号	

付款凭证

贷方科目 　　　　年　月　日　　　　附件　　张

摘要	应借科目		过账	金额										
	一级科目	二级及明细科目		亿	千	百	十	万	千	百	十	元	角	分
合计														

财会主管　　记账　　出纳　　复核　　制单　　领款人签章

总号	
分号	

付款凭证

贷方科目 　　　　年　月　日　　　　附件　　张

摘要	应借科目		过账	金额										
	一级科目	二级及明细科目		亿	千	百	十	万	千	百	十	元	角	分
合计														

财会主管　　记账　　出纳　　复核　　制单　　领款人签章

总号	
分号	

付 款 凭 证

贷方科目 ________　　　　年　　月　　日　　　　附件　　　　张

摘要	应借科目		过账	金额										
	一级科目	二级及明细科目		亿	千	百	十	万	千	百	十	元	角	分
合计														

财会主管　　记账　　出纳　　复核　　制单　　领款人签章

总号	
分号	

付 款 凭 证

贷方科目 ________　　　　年　　月　　日　　　　附件　　　　张

摘要	应借科目		过账	金额										
	一级科目	二级及明细科目		亿	千	百	十	万	千	百	十	元	角	分
合计														

财会主管　　记账　　出纳　　复核　　制单　　领款人签章

总号	
分号	

付 款 凭 证

贷方科目 ________　　　　年　　月　　日　　　　附件　　　　张

摘要	应借科目		过账	金额										
	一级科目	二级及明细科目		亿	千	百	十	万	千	百	十	元	角	分
合计														

财会主管　　记账　　出纳　　复核　　制单　　领款人签章

总号	
分号	

付 款 凭 证

贷方科目 ________　　　　年　　月　　日　　　　附件　　　　张

摘要	应借科目		过账	金额										
	一级科目	二级及明细科目		亿	千	百	十	万	千	百	十	元	角	分
合计														

财会主管　　记账　　出纳　　复核　　制单　　领款人签章

总号	
分号	

付 款 凭 证

贷方科目 ________　　　　年　　月　　日　　　　附件　　　　张

摘要	应借科目		过账	金额										
	一级科目	二级及明细科目		亿	千	百	十	万	千	百	十	元	角	分
合计														

财会主管　　记账　　出纳　　复核　　制单　　领款人签章

总号	
分号	

付 款 凭 证

贷方科目 ________　　　　年　　月　　日　　　　附件　　　　张

摘要	应借科目		过账	金额										
	一级科目	二级及明细科目		亿	千	百	十	万	千	百	十	元	角	分
合计														

财会主管　　记账　　出纳　　复核　　制单　　领款人签章

总号	
分号	

付 款 凭 证

贷方科目______　　　　年　月　日　　　　附件　　张

摘要	应借科目		过账	金额										
	一级科目	二级及明细科目		亿	千	百	十	万	千	百	十	元	角	分
合计														

财会主管　　记账　　出纳　　复核　　制单　　领款人签章

总号	
分号	

付 款 凭 证

贷方科目______　　　　年　月　日　　　　附件　　张

摘要	应借科目		过账	金额										
	一级科目	二级及明细科目		亿	千	百	十	万	千	百	十	元	角	分
合计														

财会主管　　记账　　出纳　　复核　　制单　　领款人签章

总号	
分号	

付 款 凭 证

贷方科目________ 年 月 日 附件 张

摘要	应借科目		过账	金额										
	一级科目	二级及明细科目		亿	千	百	十	万	千	百	十	元	角	分
合计														

财会主管 记账 出纳 复核 制单 领款人签章

总号	
分号	

付 款 凭 证

贷方科目________ 年 月 日 附件 张

摘要	应借科目		过账	金额										
	一级科目	二级及明细科目		亿	千	百	十	万	千	百	十	元	角	分
合计														

财会主管 记账 出纳 复核 制单 领款人签章

总号	
分号	

付 款 凭 证

贷方科目________　　　年　月　日　　　附件　　张

摘要	应借科目		过账	金额										
	一级科目	二级及明细科目		亿	千	百	十	万	千	百	十	元	角	分
合计														

财会主管　　记账　　出纳　　复核　　制单　　领款人签章

总号	
分号	

付 款 凭 证

贷方科目________　　　年　月　日　　　附件　　张

摘要	应借科目		过账	金额										
	一级科目	二级及明细科目		亿	千	百	十	万	千	百	十	元	角	分
合计														

财会主管　　记账　　出纳　　复核　　制单　　领款人签章

总号	
分号	

付款凭证

贷方科目＿＿＿＿＿＿　　　　年　　月　　日　　　　附件　　　　张

摘要	应借科目		过账	金额										
	一级科目	二级及明细科目		亿	千	百	十	万	千	百	十	元	角	分
合计														

财会主管　　　记账　　　出纳　　　复核　　　制单　　　领款人签章

总号	
分号	

付款凭证

贷方科目＿＿＿＿＿＿　　　　年　　月　　日　　　　附件　　　　张

摘要	应借科目		过账	金额										
	一级科目	二级及明细科目		亿	千	百	十	万	千	百	十	元	角	分
合计														

财会主管　　　记账　　　出纳　　　复核　　　制单　　　领款人签章

总号	
分号	

付 款 凭 证

贷方科目　　　　　　年　　月　　日　　　　　　附件　　　　张

摘　要	应借科目		过账	金额										
	一级科目	二级及明细科目		亿	千	百	十	万	千	百	十	元	角	分
合计														

财会主管　　记账　　出纳　　复核　　制单　　领款人签章

总号	
分号	

付 款 凭 证

贷方科目　　　　　　年　　月　　日　　　　　　附件　　　　张

摘　要	应借科目		过账	金额										
	一级科目	二级及明细科目		亿	千	百	十	万	千	百	十	元	角	分
合计														

财会主管　　记账　　出纳　　复核　　制单　　领款人签章

总号	
分号	

付款凭证

贷方科目 ……………… 年 月 日 附件 张

摘要	应借科目		过账	金额										
	一级科目	二级及明细科目		亿	千	百	十	万	千	百	十	元	角	分
合计														

财会主管 记账 出纳 复核 制单 领款人签章

总号	
分号	

付款凭证

贷方科目 ……………… 年 月 日 附件 张

摘要	应借科目		过账	金额										
	一级科目	二级及明细科目		亿	千	百	十	万	千	百	十	元	角	分
合计														

财会主管 记账 出纳 复核 制单 领款人签章

总号	
分号	

付 款 凭 证

贷方科目 ________　　　　年　月　日　　　　附件　　张

摘要	应借科目		过账	金额										
	一级科目	二级及明细科目		亿	千	百	十	万	千	百	十	元	角	分
合计														

财会主管　　记账　　出纳　　复核　　制单　　领款人签章

总号	
分号	

付 款 凭 证

贷方科目 ________　　　　年　月　日　　　　附件　　张

摘要	应借科目		过账	金额										
	一级科目	二级及明细科目		亿	千	百	十	万	千	百	十	元	角	分
合计														

财会主管　　记账　　出纳　　复核　　制单　　领款人签章

总号	
分号	

付　款　凭　证

贷方科目 ……………… 　　年　　月　　日　　附件　　　张

摘　要	应　借　科　目		过账	金　额									
	一级科目	二级及明细科目		亿	千	百	十	万	千	百	十	元	角	分
合计														

财会主管　　记账　　出纳　　复核　　制单　　领款人签章

总号	
分号	

付　款　凭　证

贷方科目 ……………… 　　年　　月　　日　　附件　　　张

摘　要	应　借　科　目		过账	金　额									
	一级科目	二级及明细科目		亿	千	百	十	万	千	百	十	元	角	分
合计														

财会主管　　记账　　出纳　　复核　　制单　　领款人签章

总号	
分号	

付 款 凭 证

贷方科目＿＿＿＿＿　　　　年　　月　　日　　　　附件　　　　张

摘　要	应借科目		过账	金额									
	一级科目	二级及明细科目		亿	千	百	十	万	千	百	十	元	角	分
合计														

财会主管　　　记账　　　出纳　　　复核　　　制单　　　领款人签章

总号	
分号	

付 款 凭 证

贷方科目＿＿＿＿＿　　　　年　　月　　日　　　　附件　　　　张

摘　要	应借科目		过账	金额									
	一级科目	二级及明细科目		亿	千	百	十	万	千	百	十	元	角	分
合计														

财会主管　　　记账　　　出纳　　　复核　　　制单　　　领款人签章

总号	
分号	

付 款 凭 证

贷方科目______ 年 月 日 附件 张

摘要	应借科目		过账	金额									
	一级科目	二级及明细科目		亿	千	百	十	万	千	百	十	元	角	分
合计														

财会主管 记账 出纳 复核 制单 领款人签章

总号	
分号	

付 款 凭 证

贷方科目______ 年 月 日 附件 张

摘要	应借科目		过账	金额									
	一级科目	二级及明细科目		亿	千	百	十	万	千	百	十	元	角	分
合计														

财会主管 记账 出纳 复核 制单 领款人签章

总号	
分号	

付 款 凭 证

贷方科目＿＿＿＿＿＿　　　　年　　月　　日　　　　附件　　　　张

摘　要	应　借　科　目		过账	金　额										
	一级科目	二级及明细科目		亿	千	百	十	万	千	百	十	元	角	分
合计														

财会主管　　记账　　出纳　　复核　　制单　　领款人签章

总号	
分号	

付 款 凭 证

贷方科目＿＿＿＿＿＿　　　　年　　月　　日　　　　附件　　　　张

摘　要	应　借　科　目		过账	金　额										
	一级科目	二级及明细科目		亿	千	百	十	万	千	百	十	元	角	分
合计														

财会主管　　记账　　出纳　　复核　　制单　　领款人签章

总号	
分号	

付款凭证

贷方科目＿＿＿＿＿＿　　　　年　月　日　　　　附件　　张

摘要	应借科目		过账	金额										
	一级科目	二级及明细科目		亿	千	百	十	万	千	百	十	元	角	分
合计														

财会主管　　记账　　出纳　　复核　　制单　　领款人签章

总号	
分号	

付款凭证

贷方科目＿＿＿＿＿＿　　　　年　月　日　　　　附件　　张

摘要	应借科目		过账	金额										
	一级科目	二级及明细科目		亿	千	百	十	万	千	百	十	元	角	分
合计														

财会主管　　记账　　出纳　　复核　　制单　　领款人签章

总号	
分号	

付 款 凭 证

贷方科目__________　　　　年　月　日　　　　附件　　张

摘要	应借科目		过账	金额									
	一级科目	二级及明细科目		亿	千	百	十	万	千	百	十	元	角	分
合计														

财会主管　　记账　　出纳　　复核　　制单　　领款人签章

总号	
分号	

付 款 凭 证

贷方科目__________　　　　年　月　日　　　　附件　　张

摘要	应借科目		过账	金额									
	一级科目	二级及明细科目		亿	千	百	十	万	千	百	十	元	角	分
合计														

财会主管　　记账　　出纳　　复核　　制单　　领款人签章

总号	
分号	

付 款 凭 证

贷方科目________　　　年　　月　　日　　　附件　　张

摘要	应借科目		过账	金额									
	一级科目	二级及明细科目		亿	千	百	十	万	千	百	十	元	角 分
合计													

财会主管　　记账　　出纳　　复核　　制单　　领款人签章

总号	
分号	

付 款 凭 证

贷方科目________　　　年　　月　　日　　　附件　　张

摘要	应借科目		过账	金额									
	一级科目	二级及明细科目		亿	千	百	十	万	千	百	十	元	角 分
合计													

财会主管　　记账　　出纳　　复核　　制单　　领款人签章

总号	
分号	

付款凭证

贷方科目________　　　　年　月　日　　　　附件　　张

摘要	应借科目		过账	金额									
	一级科目	二级及明细科目		亿	千	百	十	万	千	百	十	元	角分
合计													

财会主管　　记账　　出纳　　复核　　制单　　领款人签章

总号	
分号	

付款凭证

贷方科目________　　　　年　月　日　　　　附件　　张

摘要	应借科目		过账	金额									
	一级科目	二级及明细科目		亿	千	百	十	万	千	百	十	元	角分
合计													

财会主管　　记账　　出纳　　复核　　制单　　领款人签章

总号	
分号	

付　款　凭　证

贷方科目＿＿＿＿＿＿　　　　年　　月　　日　　　　附件　　　张

摘要	应借科目		过账	金额										
	一级科目	二级及明细科目		亿	千	百	十	万	千	百	十	元	角	分
合计														

财会主管　　记账　　出纳　　复核　　制单　　领款人签章

总号	
分号	

付　款　凭　证

贷方科目＿＿＿＿＿＿　　　　年　　月　　日　　　　附件　　　张

摘要	应借科目		过账	金额										
	一级科目	二级及明细科目		亿	千	百	十	万	千	百	十	元	角	分
合计														

财会主管　　记账　　出纳　　复核　　制单　　领款人签章

科目汇总表

年　　月　　日至　　月　　日

编号：		附件共　　张
记账凭证	收款	第　　号至　　号共　　张
	付款	第　　号至　　号共　　张
	转账	第　　号至　　号共　　张

会计科目	本期发生额汇总		会计科目	本期发生额汇总	
	借方	贷方		借方	贷方
	千百十万千百十元角分	千百十万千百十元角分		千百十万千百十元角分	千百十万千百十元角分

财会主管　　　　记账　　　　复核　　　　制表

编号：	附件共	张
记账凭证 收款	第　　号至　　号共	张
记账凭证 付款	第　　号至　　号共	张
记账凭证 转账	第　　号至　　号共	张

科目汇总表

年　　月　　日至　　月　　日

会计科目	本期发生额汇总																				会计科目	本期发生额汇总																			
	借方										贷方											借方										贷方									
	千	百	十	万	千	百	十	元	角	分	千	百	十	万	千	百	十	元	角	分		千	百	十	万	千	百	十	元	角	分	千	百	十	万	千	百	十	元	角	分

财会主管　　　　记账　　　　复核　　　　制表

编号：	附件共	张
记账凭证 收款 第	号至	号共 张
付款 第	号至	号共 张
转账 第	号至	号共 张

科 目 汇 总 表

年 月 日至 月 日

会计科目	本期发生额汇总																				会计科目	本期发生额汇总																			
	借方										贷方											借方										贷方									
	千	百	十	万	千	百	十	元	角	分	千	百	十	万	千	百	十	元	角	分		千	百	十	万	千	百	十	元	角	分	千	百	十	万	千	百	十	元	角	分

财会主管　　　　记账　　　　复核　　　　制表

科目汇总表

年　　月　　日至　　月　　日

编号：		附件共　　张
记账凭证	收款	第　　号至　　号共　　张
	付款	第　　号至　　号共　　张
	转账	第　　号至　　号共　　张

会计科目	本期发生额汇总																				会计科目	本期发生额汇总																			
	借方										贷方											借方										贷方									
	千	百	十	万	千	百	十	元	角	分	千	百	十	万	千	百	十	元	角	分		千	百	十	万	千	百	十	元	角	分	千	百	十	万	千	百	十	元	角	分

财会主管　　　　记账　　　　复核　　　　制表

总号	
分号	

转 账 凭 证

年　　月　　日　　　　　　附件　　　　张

摘要	一级科目	二级及明细科目	过账	借方金额										贷方金额									
				千	百	十	万	千	百	十	元	角	分	千	百	十	万	千	百	十	元	角	分
合计																							

财会主管　　　　记账　　　　复核　　　　制单

总号	
分号	

转 账 凭 证

年　　月　　日　　　　　　附件　　　　张

摘要	一级科目	二级及明细科目	过账	借方金额										贷方金额									
				千	百	十	万	千	百	十	元	角	分	千	百	十	万	千	百	十	元	角	分
合计																							

财会主管　　　　记账　　　　复核　　　　制单

总号	
分号	

转 账 凭 证

年 月 日 附件 张

摘要	一级科目	二级及明细科目	过账	借方金额										贷方金额									
				千	百	十	万	千	百	十	元	角	分	千	百	十	万	千	百	十	元	角	分
合计																							

财会主管 记账 复核 制单

总号	
分号	

转 账 凭 证

年 月 日 附件 张

摘要	一级科目	二级及明细科目	过账	借方金额										贷方金额									
				千	百	十	万	千	百	十	元	角	分	千	百	十	万	千	百	十	元	角	分
合计																							

财会主管 记账 复核 制单

总号	
分号	

转 账 凭 证

年 月 日　　　　附件　　张

摘要	一级科目	二级及明细科目	过账	借方金额										贷方金额									
				千	百	十	万	千	百	十	元	角	分	千	百	十	万	千	百	十	元	角	分
合计																							

财会主管　　　　记账　　　　复核　　　　制单

总号	
分号	

转 账 凭 证

年 月 日　　　　附件　　张

摘要	一级科目	二级及明细科目	过账	借方金额										贷方金额									
				千	百	十	万	千	百	十	元	角	分	千	百	十	万	千	百	十	元	角	分
合计																							

财会主管　　　　记账　　　　复核　　　　制单

总号	
分号	

转 账 凭 证

年　　月　　日　　　　　　　　附件　　　　张

摘要	一级科目	二级及明细科目	过账	借方金额										贷方金额									
				千	百	十	万	千	百	十	元	角	分	千	百	十	万	千	百	十	元	角	分
合计																							

财会主管　　　　记账　　　　复核　　　　制单

总号	
分号	

转 账 凭 证

年　　月　　日　　　　　　　　附件　　　　张

摘要	一级科目	二级及明细科目	过账	借方金额										贷方金额									
				千	百	十	万	千	百	十	元	角	分	千	百	十	万	千	百	十	元	角	分
合计																							

财会主管　　　　记账　　　　复核　　　　制单

总号	
分号	

转　账　凭　证

年　　月　　日　　　　　　　　　　附件　　　　　张

摘　要	一级科目	二级及明细科目	过账	借方金额										贷方金额									
				千	百	十	万	千	百	十	元	角	分	千	百	十	万	千	百	十	元	角	分
合计																							

财会主管　　　　记账　　　　复核　　　　制单

总号	
分号	

转　账　凭　证

年　　月　　日　　　　　　　　　　附件　　　　　张

摘　要	一级科目	二级及明细科目	过账	借方金额										贷方金额									
				千	百	十	万	千	百	十	元	角	分	千	百	十	万	千	百	十	元	角	分
合计																							

财会主管　　　　记账　　　　复核　　　　制单

转账凭证

总号	
分号	

年　月　日　　　　附件　　张

摘要	一级科目	二级及明细科目	过账	借方金额										贷方金额									
				千	百	十	万	千	百	十	元	角	分	千	百	十	万	千	百	十	元	角	分
合计																							

财会主管　　记账　　复核　　制单

转账凭证

总号	
分号	

年　月　日　　　　附件　　张

摘要	一级科目	二级及明细科目	过账	借方金额										贷方金额									
				千	百	十	万	千	百	十	元	角	分	千	百	十	万	千	百	十	元	角	分
合计																							

财会主管　　记账　　复核　　制单

总号	
分号	

转 账 凭 证

年 月 日　　附件 张

摘要	一级科目	二级及明细科目	过账	借方金额										贷方金额									
				千	百	十	万	千	百	十	元	角	分	千	百	十	万	千	百	十	元	角	分
合计																							

财会主管　　记账　　复核　　制单

总号	
分号	

转 账 凭 证

年 月 日　　附件 张

摘要	一级科目	二级及明细科目	过账	借方金额										贷方金额									
				千	百	十	万	千	百	十	元	角	分	千	百	十	万	千	百	十	元	角	分
合计																							

财会主管　　记账　　复核　　制单

总号	
分号	

转 账 凭 证

年　　月　　日　　　　　　　　　　附件　　　　张

摘要	一级科目	二级及明细科目	过账	借方金额										贷方金额									
				千	百	十	万	千	百	十	元	角	分	千	百	十	万	千	百	十	元	角	分
合计																							

财会主管　　　　记账　　　　复核　　　　制单

总号	
分号	

转 账 凭 证

年　　月　　日　　　　　　　　　　附件　　　　张

摘要	一级科目	二级及明细科目	过账	借方金额										贷方金额									
				千	百	十	万	千	百	十	元	角	分	千	百	十	万	千	百	十	元	角	分
合计																							

财会主管　　　　记账　　　　复核　　　　制单

总号	
分号	

转 账 凭 证

年　　月　　日　　　　　　　　附件　　　　张

摘要	一级科目	二级及明细科目	过账	借方金额										贷方金额									
				千	百	十	万	千	百	十	元	角	分	千	百	十	万	千	百	十	元	角	分
合计																							

财会主管　　　　记账　　　　复核　　　　制单

总号	
分号	

转 账 凭 证

年　　月　　日　　　　　　　　附件　　　　张

摘要	一级科目	二级及明细科目	过账	借方金额										贷方金额									
				千	百	十	万	千	百	十	元	角	分	千	百	十	万	千	百	十	元	角	分
合计																							

财会主管　　　　记账　　　　复核　　　　制单

总号	
分号	

转 账 凭 证

年 月 日 附件 张

摘要	一级科目	二级及明细科目	过账	借方金额										贷方金额									
				千	百	十	万	千	百	十	元	角	分	千	百	十	万	千	百	十	元	角	分
合计																							

财会主管 记账 复核 制单

总号	
分号	

转 账 凭 证

年 月 日 附件 张

摘要	一级科目	二级及明细科目	过账	借方金额										贷方金额									
				千	百	十	万	千	百	十	元	角	分	千	百	十	万	千	百	十	元	角	分
合计																							

财会主管 记账 复核 制单

总号	
分号	

转 账 凭 证

年 月 日 附件 张

摘要	一级科目	二级及明细科目	过账	借方金额										贷方金额									
				千	百	十	万	千	百	十	元	角	分	千	百	十	万	千	百	十	元	角	分
合计																							

财会主管 记账 复核 制单

总号	
分号	

转 账 凭 证

年 月 日 附件 张

摘要	一级科目	二级及明细科目	过账	借方金额										贷方金额									
				千	百	十	万	千	百	十	元	角	分	千	百	十	万	千	百	十	元	角	分
合计																							

财会主管 记账 复核 制单

总号	
分号	

转账凭证

年　　月　　日　　　　　　　　附件　　　　张

摘要	一级科目	二级及明细科目	过账	借方金额										贷方金额									
				千	百	十	万	千	百	十	元	角	分	千	百	十	万	千	百	十	元	角	分
合计																							

财会主管　　　　记账　　　　复核　　　　制单

总号	
分号	

转账凭证

年　　月　　日　　　　　　　　附件　　　　张

摘要	一级科目	二级及明细科目	过账	借方金额										贷方金额									
				千	百	十	万	千	百	十	元	角	分	千	百	十	万	千	百	十	元	角	分
合计																							

财会主管　　　　记账　　　　复核　　　　制单

总号	
分号	

转账凭证

年　月　日　　　　附件　　张

摘要	一级科目	二级及明细科目	过账	借方金额										贷方金额									
				千	百	十	万	千	百	十	元	角	分	千	百	十	万	千	百	十	元	角	分
合计																							

财会主管　　记账　　复核　　制单

总号	
分号	

转账凭证

年　月　日　　　　附件　　张

摘要	一级科目	二级及明细科目	过账	借方金额										贷方金额									
				千	百	十	万	千	百	十	元	角	分	千	百	十	万	千	百	十	元	角	分
合计																							

财会主管　　记账　　复核　　制单

总号	
分号	

转账凭证

年　月　日　　　　附件　　张

摘要	一级科目	二级及明细科目	过账	借方金额										贷方金额									
				千	百	十	万	千	百	十	元	角	分	千	百	十	万	千	百	十	元	角	分
合计																							

财会主管　　记账　　复核　　制单

总号	
分号	

转账凭证

年　月　日　　　　附件　　张

摘要	一级科目	二级及明细科目	过账	借方金额										贷方金额									
				千	百	十	万	千	百	十	元	角	分	千	百	十	万	千	百	十	元	角	分
合计																							

财会主管　　记账　　复核　　制单

总号	
分号	

转 账 凭 证

年　　月　　日　　　　　　　　附件　　　　张

摘　要	一级科目	二级及明细科目	过账	借方金额										贷方金额									
				千	百	十	万	千	百	十	元	角	分	千	百	十	万	千	百	十	元	角	分
合计																							

财会主管　　　　记账　　　　复核　　　　制单

总号	
分号	

转 账 凭 证

年　　月　　日　　　　　　　　附件　　　　张

摘　要	一级科目	二级及明细科目	过账	借方金额										贷方金额									
				千	百	十	万	千	百	十	元	角	分	千	百	十	万	千	百	十	元	角	分
合计																							

财会主管　　　　记账　　　　复核　　　　制单

总 号
分 号

转 账 凭 证

年 月 日　　　　附件 张

摘 要	一级科目	二级及明细科目	过账	借方金额										贷方金额									
				千	百	十	万	千	百	十	元	角	分	千	百	十	万	千	百	十	元	角	分
合计																							

财会主管　　记账　　复核　　制单

总 号
分 号

转 账 凭 证

年 月 日　　　　附件 张

摘 要	一级科目	二级及明细科目	过账	借方金额										贷方金额									
				千	百	十	万	千	百	十	元	角	分	千	百	十	万	千	百	十	元	角	分
合计																							

财会主管　　记账　　复核　　制单

总号	
分号	

转　账　凭　证

年　　月　　日　　　　　　　　附件　　　　张

摘　要	一级科目	二级及明细科目	过账	借方金额										贷方金额									
				千	百	十	万	千	百	十	元	角	分	千	百	十	万	千	百	十	元	角	分
合计																							

财会主管　　　　　　记账　　　　　　复核　　　　　　制单

总号	
分号	

转　账　凭　证

年　　月　　日　　　　　　　　附件　　　　张

摘　要	一级科目	二级及明细科目	过账	借方金额										贷方金额									
				千	百	十	万	千	百	十	元	角	分	千	百	十	万	千	百	十	元	角	分
合计																							

财会主管　　　　　　记账　　　　　　复核　　　　　　制单

总号	
分号	

转 账 凭 证

年 月 日 附件 张

摘要	一级科目	二级及明细科目	过账	借方金额										贷方金额									
				千	百	十	万	千	百	十	元	角	分	千	百	十	万	千	百	十	元	角	分
合计																							

财会主管 记账 复核 制单

总号	
分号	

转 账 凭 证

年 月 日 附件 张

摘要	一级科目	二级及明细科目	过账	借方金额										贷方金额									
				千	百	十	万	千	百	十	元	角	分	千	百	十	万	千	百	十	元	角	分
合计																							

财会主管 记账 复核 制单

总号	
分号	

转 账 凭 证

年 月 日　　附件 张

摘要	一级科目	二级及明细科目	过账	借方金额										贷方金额									
				千	百	十	万	千	百	十	元	角	分	千	百	十	万	千	百	十	元	角	分
合计																							

财会主管　　记账　　复核　　制单

总号	
分号	

转 账 凭 证

年 月 日　　附件 张

摘要	一级科目	二级及明细科目	过账	借方金额										贷方金额									
				千	百	十	万	千	百	十	元	角	分	千	百	十	万	千	百	十	元	角	分
合计																							

财会主管　　记账　　复核　　制单

总号	
分号	

转 账 凭 证

年　　月　　日　　　　　　　　附件　　　　张

摘要	一级科目	二级及明细科目	过账	借方金额									贷方金额								
				千	百	十	万	千	百	十	元	角	分	千	百	十	万	千	百	十	元	角	分
合计																							

财会主管　　　　记账　　　　复核　　　　制单

总号	
分号	

转 账 凭 证

年　　月　　日　　　　　　　　附件　　　　张

摘要	一级科目	二级及明细科目	过账	借方金额										贷方金额									
				千	百	十	万	千	百	十	元	角	分	千	百	十	万	千	百	十	元	角	分
合计																							

财会主管　　　　记账　　　　复核　　　　制单

总号	
分号	

转账凭证

年　月　日　　　　附件　　张

摘要	一级科目	二级及明细科目	过账	借方金额										贷方金额									
				千	百	十	万	千	百	十	元	角	分	千	百	十	万	千	百	十	元	角	分
合计																							

财会主管　　记账　　复核　　制单

总号	
分号	

转账凭证

年　月　日　　　　附件　　张

摘要	一级科目	二级及明细科目	过账	借方金额										贷方金额									
				千	百	十	万	千	百	十	元	角	分	千	百	十	万	千	百	十	元	角	分
合计																							

财会主管　　记账　　复核　　制单

总号	
分号	

转账凭证

年　　月　　日　　　　　　　　附件　　　　张

摘要	一级科目	二级及明细科目	过账	借方金额									贷方金额								
				千	百	十	万	千	百	十	元	角	分	千	百	十	万	千	百	十	元	角	分
合计																					

财会主管　　　　记账　　　　复核　　　　制单

总号	
分号	

转账凭证

年　　月　　日　　　　　　　　附件　　　　张

摘要	一级科目	二级及明细科目	过账	借方金额									贷方金额								
				千	百	十	万	千	百	十	元	角	分	千	百	十	万	千	百	十	元	角	分
合计																					

财会主管　　　　记账　　　　复核　　　　制单

库存现金日记账

年		凭证号数	对方科目	摘要	✓	收入（借方）金额										付出（贷方）金额										结余金额									
月	日					千	百	十	万	千	百	十	元	角	分	千	百	十	万	千	百	十	元	角	分	千	百	十	万	千	百	十	元	角	分

库存现金日记账

年		凭证号数	对方科目	摘要	✓	收入（借方）金额										付出（贷方）金额										结余金额									
月	日					千	百	十	万	千	百	十	元	角	分	千	百	十	万	千	百	十	元	角	分	千	百	十	万	千	百	十	元	角	分

银行存款日记账

年		凭证号数	支票号码	对方科目	摘要	✓	收入（借方）金额											付出（贷方）金额											结余金额										
月	日						亿	千	百	十	万	千	百	十	元	角	分	亿	千	百	十	万	千	百	十	元	角	分	亿	千	百	十	万	千	百	十	元	角	分

银行存款日记账

年		凭证号数	支票号码	对方科目	摘要	✓	收入（借方）金额											付出（贷方）金额											结余金额										
月	日						亿	千	百	十	万	千	百	十	元	角	分	亿	千	百	十	万	千	百	十	元	角	分	亿	千	百	十	万	千	百	十	元	角	分

银行存款日记账

第 3 页

年		凭证号数	支票号码	对方科目	摘要	✓	收入（借方）金额											付出（贷方）金额											结余金额										
月	日						亿	千	百	十	万	千	百	十	元	角	分	亿	千	百	十	万	千	百	十	元	角	分	亿	千	百	十	万	千	百	十	元	角	分

银 行 存 款 日 记 账

年		凭证号数	支票号码	对方科目	摘要	✓	收入（借方）金额											付出（贷方）金额											结余金额										
月	日						亿	千	百	十	万	千	百	十	元	角	分	亿	千	百	十	万	千	百	十	元	角	分	亿	千	百	十	万	千	百	十	元	角	分

总账

第 1 页

年		凭证		摘要	对方科目	日页	借方金额											贷方金额											借或贷	余额										
月	日	种类	号数				亿	千	百	十	万	千	百	十	元	角	分	亿	千	百	十	万	千	百	十	元	角	分		亿	千	百	十	万	千	百	十	元	角	分

总账

第 2 页

年		凭证		摘要	对方科目	日页	借方金额											贷方金额											借或贷	余额										
月	日	种类	号数				亿	千	百	十	万	千	百	十	元	角	分	亿	千	百	十	万	千	百	十	元	角	分		亿	千	百	十	万	千	百	十	元	角	分

总账

年		凭证		摘要	对方科目	日页	借方金额											贷方金额											借或贷	余额										
月	日	种类	号数				亿	千	百	十	万	千	百	十	元	角	分	亿	千	百	十	万	千	百	十	元	角	分		亿	千	百	十	万	千	百	十	元	角	分

总账

年		凭证		摘要	对方科目	日页	借方金额											贷方金额											借或贷	余额										
月	日	种类	号数				亿	千	百	十	万	千	百	十	元	角	分	亿	千	百	十	万	千	百	十	元	角	分		亿	千	百	十	万	千	百	十	元	角	分

总账

年		凭证		摘要	对方科目	日页	借方金额											贷方金额											借或贷	余额										
月	日	种类	号数				亿	千	百	十	万	千	百	十	元	角	分	亿	千	百	十	万	千	百	十	元	角	分		亿	千	百	十	万	千	百	十	元	角	分

总账

年		凭证		摘要	对方科目	日页	借方金额											贷方金额											借或贷	余额										
月	日	种类	号数				亿	千	百	十	万	千	百	十	元	角	分	亿	千	百	十	万	千	百	十	元	角	分		亿	千	百	十	万	千	百	十	元	角	分

总账

年		凭证		摘要	对方科目	日页	借方金额											贷方金额											借或贷	余额										
月	日	种类	号数				亿	千	百	十	万	千	百	十	元	角	分	亿	千	百	十	万	千	百	十	元	角	分		亿	千	百	十	万	千	百	十	元	角	分

总账

年		凭证		摘要	对方科目	日页	借方金额											贷方金额											借或贷	余额										
月	日	种类	号数				亿	千	百	十	万	千	百	十	元	角	分	亿	千	百	十	万	千	百	十	元	角	分		亿	千	百	十	万	千	百	十	元	角	分

总账

年		凭证		摘要	对方科目	日页	借方金额											贷方金额											借或贷	余额										
月	日	种类	号数				亿	千	百	十	万	千	百	十	元	角	分	亿	千	百	十	万	千	百	十	元	角	分		亿	千	百	十	万	千	百	十	元	角	分

总账

年		凭证		摘要	对方科目	日页	借方金额											贷方金额											借或贷	余额										
月	日	种类	号数				亿	千	百	十	万	千	百	十	元	角	分	亿	千	百	十	万	千	百	十	元	角	分		亿	千	百	十	万	千	百	十	元	角	分

总账

年		凭证		摘要	对方科目	日页	借方金额											贷方金额											借或贷	余额										
月	日	种类	号数				亿	千	百	十	万	千	百	十	元	角	分	亿	千	百	十	万	千	百	十	元	角	分		亿	千	百	十	万	千	百	十	元	角	分

总账

年		凭证		摘要	对方科目	日页	借方金额											贷方金额											借或贷	余额										
月	日	种类	号数				亿	千	百	十	万	千	百	十	元	角	分	亿	千	百	十	万	千	百	十	元	角	分		亿	千	百	十	万	千	百	十	元	角	分

总账

年		凭证		摘要	对方科目	日页	借方金额											贷方金额											借或贷	余额										
月	日	种类	号数				亿	千	百	十	万	千	百	十	元	角	分	亿	千	百	十	万	千	百	十	元	角	分		亿	千	百	十	万	千	百	十	元	角	分

总账

年		凭证		摘要	对方科目	日页	借方金额											贷方金额											借或贷	余额										
月	日	种类	号数				亿	千	百	十	万	千	百	十	元	角	分	亿	千	百	十	万	千	百	十	元	角	分		亿	千	百	十	万	千	百	十	元	角	分

总账

年		凭证		摘要	对方科目	日页	借方金额											贷方金额											借或贷	余额										
月	日	种类	号数				亿	千	百	十	万	千	百	十	元	角	分	亿	千	百	十	万	千	百	十	元	角	分		亿	千	百	十	万	千	百	十	元	角	分

总账

年		凭证		摘要	对方科目	日页	借方金额											贷方金额											借或贷	余额										
月	日	种类	号数				亿	千	百	十	万	千	百	十	元	角	分	亿	千	百	十	万	千	百	十	元	角	分		亿	千	百	十	万	千	百	十	元	角	分

总账

年		凭证		摘要	对方科目	日页	借方金额											贷方金额											借或贷	余额										
月	日	种类	号数				亿	千	百	十	万	千	百	十	元	角	分	亿	千	百	十	万	千	百	十	元	角	分		亿	千	百	十	万	千	百	十	元	角	分

总账

年		凭证		摘要	对方科目	日页	借方金额											贷方金额											借或贷	余额										
月	日	种类	号数				亿	千	百	十	万	千	百	十	元	角	分	亿	千	百	十	万	千	百	十	元	角	分		亿	千	百	十	万	千	百	十	元	角	分

总账

年		凭证		摘要	对方科目	日页	借方金额											贷方金额											借或贷	余额										
月	日	种类	号数				亿	千	百	十	万	千	百	十	元	角	分	亿	千	百	十	万	千	百	十	元	角	分		亿	千	百	十	万	千	百	十	元	角	分

总账

年		凭证		摘要	对方科目	日页	借方金额											贷方金额											借或贷	余额										
月	日	种类	号数				亿	千	百	十	万	千	百	十	元	角	分	亿	千	百	十	万	千	百	十	元	角	分		亿	千	百	十	万	千	百	十	元	角	分

总账

第 21 页

年		凭证		摘要	对方科目	日页	借方金额											贷方金额											借或贷	余额										
月	日	种类	号数				亿	千	百	十	万	千	百	十	元	角	分	亿	千	百	十	万	千	百	十	元	角	分		亿	千	百	十	万	千	百	十	元	角	分

总账

第 22 页

年		凭证		摘要	对方科目	日页	借方金额											贷方金额											借或贷	余额										
月	日	种类	号数				亿	千	百	十	万	千	百	十	元	角	分	亿	千	百	十	万	千	百	十	元	角	分		亿	千	百	十	万	千	百	十	元	角	分

总账

第 23 页

年		凭证		摘要	对方科目	日页	借方金额											贷方金额											借或贷	余额										
月	日	种类	号数				亿	千	百	十	万	千	百	十	元	角	分	亿	千	百	十	万	千	百	十	元	角	分		亿	千	百	十	万	千	百	十	元	角	分

总账

第 24 页

年		凭证		摘要	对方科目	日页	借方金额											贷方金额											借或贷	余额										
月	日	种类	号数				亿	千	百	十	万	千	百	十	元	角	分	亿	千	百	十	万	千	百	十	元	角	分		亿	千	百	十	万	千	百	十	元	角	分

总账

年		凭证		摘要	对方科目	日页	借方金额											贷方金额											借或贷	余额										
月	日	种类	号数				亿	千	百	十	万	千	百	十	元	角	分	亿	千	百	十	万	千	百	十	元	角	分		亿	千	百	十	万	千	百	十	元	角	分

总账

年		凭证		摘要	对方科目	日页	借方金额											贷方金额											借或贷	余额										
月	日	种类	号数				亿	千	百	十	万	千	百	十	元	角	分	亿	千	百	十	万	千	百	十	元	角	分		亿	千	百	十	万	千	百	十	元	角	分

总账

年		凭证		摘要	对方科目	日页	借方金额											贷方金额											借或贷	余额										
月	日	种类	号数				亿	千	百	十	万	千	百	十	元	角	分	亿	千	百	十	万	千	百	十	元	角	分		亿	千	百	十	万	千	百	十	元	角	分

总账

年		凭证		摘要	对方科目	日页	借方金额											贷方金额											借或贷	余额										
月	日	种类	号数				亿	千	百	十	万	千	百	十	元	角	分	亿	千	百	十	万	千	百	十	元	角	分		亿	千	百	十	万	千	百	十	元	角	分

总账

第 29 页

年		凭证		摘要	对方科目	日页	借方金额											贷方金额											借或贷	余额										
月	日	种类	号数				亿	千	百	十	万	千	百	十	元	角	分	亿	千	百	十	万	千	百	十	元	角	分		亿	千	百	十	万	千	百	十	元	角	分

总账

第 30 页

年		凭证		摘要	对方科目	日页	借方金额											贷方金额											借或贷	余额										
月	日	种类	号数				亿	千	百	十	万	千	百	十	元	角	分	亿	千	百	十	万	千	百	十	元	角	分		亿	千	百	十	万	千	百	十	元	角	分

总账

年		凭证		摘要	对方科目	日页	借方金额											贷方金额											借或贷	余额										
月	日	种类	号数				亿	千	百	十	万	千	百	十	元	角	分	亿	千	百	十	万	千	百	十	元	角	分		亿	千	百	十	万	千	百	十	元	角	分

总账

年		凭证		摘要	对方科目	日页	借方金额											贷方金额											借或贷	余额										
月	日	种类	号数				亿	千	百	十	万	千	百	十	元	角	分	亿	千	百	十	万	千	百	十	元	角	分		亿	千	百	十	万	千	百	十	元	角	分

第 33 页

总账

年		凭证		摘要	对方科目	日页	借方金额											贷方金额											借或贷	余额										
月	日	种类	号数				亿	千	百	十	万	千	百	十	元	角	分	亿	千	百	十	万	千	百	十	元	角	分		亿	千	百	十	万	千	百	十	元	角	分

第 34 页

总账

年		凭证		摘要	对方科目	日页	借方金额											贷方金额											借或贷	余额										
月	日	种类	号数				亿	千	百	十	万	千	百	十	元	角	分	亿	千	百	十	万	千	百	十	元	角	分		亿	千	百	十	万	千	百	十	元	角	分

总账

年		凭证		摘要	对方科目	日页	借方金额											贷方金额											借或贷	余额										
月	日	种类	号数				亿	千	百	十	万	千	百	十	元	角	分	亿	千	百	十	万	千	百	十	元	角	分		亿	千	百	十	万	千	百	十	元	角	分

总账

年		凭证		摘要	对方科目	日页	借方金额											贷方金额											借或贷	余额										
月	日	种类	号数				亿	千	百	十	万	千	百	十	元	角	分	亿	千	百	十	万	千	百	十	元	角	分		亿	千	百	十	万	千	百	十	元	角	分

总账

年		凭证		摘要	对方科目	日页	借方金额											贷方金额											借或贷	余额										
月	日	种类	号数				亿	千	百	十	万	千	百	十	元	角	分	亿	千	百	十	万	千	百	十	元	角	分		亿	千	百	十	万	千	百	十	元	角	分

总账

年		凭证		摘要	对方科目	日页	借方金额											贷方金额											借或贷	余额										
月	日	种类	号数				亿	千	百	十	万	千	百	十	元	角	分	亿	千	百	十	万	千	百	十	元	角	分		亿	千	百	十	万	千	百	十	元	角	分

总账

年		凭证		摘要	对方科目	日页	借方金额											贷方金额											借或贷	余额										
月	日	种类	号数				亿	千	百	十	万	千	百	十	元	角	分	亿	千	百	十	万	千	百	十	元	角	分		亿	千	百	十	万	千	百	十	元	角	分

总账

年		凭证		摘要	对方科目	日页	借方金额											贷方金额											借或贷	余额										
月	日	种类	号数				亿	千	百	十	万	千	百	十	元	角	分	亿	千	百	十	万	千	百	十	元	角	分		亿	千	百	十	万	千	百	十	元	角	分

总账

年		凭证		摘要	对方科目	日页	借方金额											贷方金额											借或贷	余额										
月	日	种类	号数				亿	千	百	十	万	千	百	十	元	角	分	亿	千	百	十	万	千	百	十	元	角	分		亿	千	百	十	万	千	百	十	元	角	分

总账

年		凭证		摘要	对方科目	日页	借方金额											贷方金额											借或贷	余额										
月	日	种类	号数				亿	千	百	十	万	千	百	十	元	角	分	亿	千	百	十	万	千	百	十	元	角	分		亿	千	百	十	万	千	百	十	元	角	分

总账

年		凭证		摘要	对方科目	日页	借方金额											贷方金额											借或贷	余额										
月	日	种类	号数				亿	千	百	十	万	千	百	十	元	角	分	亿	千	百	十	万	千	百	十	元	角	分		亿	千	百	十	万	千	百	十	元	角	分

总账

年		凭证		摘要	对方科目	日页	借方金额											贷方金额											借或贷	余额										
月	日	种类	号数				亿	千	百	十	万	千	百	十	元	角	分	亿	千	百	十	万	千	百	十	元	角	分		亿	千	百	十	万	千	百	十	元	角	分

级科目编号及名称

应收票据　　明细账

总第　　页　分第　　页

年		凭证		摘要	对方科目	日页	借方金额											√	贷方金额											√	借或贷	余额											√
月	日	种类	号数				亿	千	百	十	万	千	百	十	元	角	分		亿	千	百	十	万	千	百	十	元	角	分			亿	千	百	十	万	千	百	十	元	角	分	

级科目编号及名称

应收账款　　明细账

总第　　页　分第　　页

年		凭证		摘要	对方科目	日页	借方金额											√	贷方金额											√	借或贷	余额											√
月	日	种类	号数				亿	千	百	十	万	千	百	十	元	角	分		亿	千	百	十	万	千	百	十	元	角	分			亿	千	百	十	万	千	百	十	元	角	分	

____级科目编号及名称____________　　**应收账款　　明细账**　　总第______页　分第______页

年		凭证		摘　要	对方科目	日页	借方金额	√	贷方金额	√	借或贷	余　额	√
月	日	种类	号数				亿千百十万千百十元角分		亿千百十万千百十元角分			亿千百十万千百十元角分	

____级科目编号及名称____________　　**预付账款　　明细账**　　总第______页　分第______页

年		凭证		摘　要	对方科目	日页	借方金额	√	贷方金额	√	借或贷	余　额	√
月	日	种类	号数				亿千百十万千百十元角分		亿千百十万千百十元角分			亿千百十万千百十元角分	

级科目编号及名称

预付账款 明细账

总第 页 分第 页

年		凭证		摘要	对方科目	日页	借方金额											√	贷方金额											√	借或贷	余额											√
月	日	种类	号数				亿	千	百	十	万	千	百	十	元	角	分		亿	千	百	十	万	千	百	十	元	角	分			亿	千	百	十	万	千	百	十	元	角	分	

级科目编号及名称

其他应收款 明细账

总第 页 分第 页

年		凭证		摘要	对方科目	日页	借方金额											√	贷方金额											√	借或贷	余额											√
月	日	种类	号数				亿	千	百	十	万	千	百	十	元	角	分		亿	千	百	十	万	千	百	十	元	角	分			亿	千	百	十	万	千	百	十	元	角	分	

级科目编号及名称

在途物资 明细账

总第 页 分第 页

年		凭证		摘要	对方科目	日页	借方金额											√	贷方金额											√	借或贷	余额											√
月	日	种类	号数				亿	千	百	十	万	千	百	十	元	角	分		亿	千	百	十	万	千	百	十	元	角	分			亿	千	百	十	万	千	百	十	元	角	分	

级科目编号及名称

明细账

总第 页 分第 页

年		凭证		摘要	对方科目	日页	借方金额											√	贷方金额											√	借或贷	余额											√
月	日	种类	号数				亿	千	百	十	万	千	百	十	元	角	分		亿	千	百	十	万	千	百	十	元	角	分			亿	千	百	十	万	千	百	十	元	角	分	

原材料 明细账

总页 ________ 分页 ________

存储地点 ________ 最高存量 ________ 最低存量 ________ 计量单位 ________ 货名 ________

年		凭证		摘要	收入（借方）			发出（贷方）			结存		
月	日	种类	号数		数量	单价	金额 千百十万千百十元角分	数量	单价	金额 千百十万千百十元角分	数量	单价	金额 千百十万千百十元角分

财会主管

复核

记账

原材料 明细账

总页 ________ 分页 ________

存储地点 ________ 最高存量 ________ 最低存量 ________ 计量单位 ________ 货名 ________

年		凭证		摘要	收入（借方）												发出（贷方）												结存											
					数量	单价	金额										数量	单价	金额										数量	单价	金额									
月	日	种类	号数				千	百	十	万	千	百	十	元	角	分			千	百	十	万	千	百	十	元	角	分			千	百	十	万	千	百	十	元	角	分

财会主管

复核

记账

原材料　　　　明细账

总页　　　　分页

存储地点　　　　最高存量　　　　最低存量　　　　计量单位　　　　货名

年		凭证		摘要	收入（借方）			发出（贷方）			结存		
月	日	种类	号数		数量	单价	金额 千百十万千百十元角分	数量	单价	金额 千百十万千百十元角分	数量	单价	金额 千百十万千百十元角分

财会主管

复核

记账

库存商品　　明细账

总页　　分页

存储地点　　最高存量　　最低存量　　计量单位　　货名

年		凭证		摘要	收入（借方）												发出（贷方）												结存											
					数量	单价	金额										数量	单价	金额										数量	单价	金额									
月	日	种类	号数				千	百	十	万	千	百	十	元	角	分			千	百	十	万	千	百	十	元	角	分			千	百	十	万	千	百	十	元	角	分

财会主管

复核

记账

库存商品　　明细账

总页　　　　分页

存储地点　　　　最高存量　　　　最低存量　　　　计量单位　　　　货名

年		凭证		摘要	收入（借方）												发出（贷方）												结存											
					数量	单价	金额										数量	单价	金额										数量	单价	金额									
月	日	种类	号数				千	百	十	万	千	百	十	元	角	分			千	百	十	万	千	百	十	元	角	分			千	百	十	万	千	百	十	元	角	分

财会主管

复核

记账

____级科目编号及名称________________ **固定资产________明细账** 总第______页 分第______页

年		凭证		摘要	对方科目	日页	借方金额											√	贷方金额											√	借或贷	余额											√
月	日	种类	号数				亿	千	百	十	万	千	百	十	元	角	分		亿	千	百	十	万	千	百	十	元	角	分			亿	千	百	十	万	千	百	十	元	角	分	

____级科目编号及名称________________ **固定资产________明细账** 总第______页 分第______页

年		凭证		摘要	对方科目	日页	借方金额											√	贷方金额											√	借或贷	余额											√
月	日	种类	号数				亿	千	百	十	万	千	百	十	元	角	分		亿	千	百	十	万	千	百	十	元	角	分			亿	千	百	十	万	千	百	十	元	角	分	

____级科目编号及名称____________

累计折旧　　　　明细账

总第______页　分第______页

年		凭证		摘　要	对方科目	日页	借方金额											√	贷方金额											√	借或贷	余　额											√
月	日	种类	号数				亿	千	百	十	万	千	百	十	元	角	分		亿	千	百	十	万	千	百	十	元	角	分			亿	千	百	十	万	千	百	十	元	角	分	

____级科目编号及名称____________

在建工程　　　　明细账

总第______页　分第______页

年		凭证		摘　要	对方科目	日页	借方金额											√	贷方金额											√	借或贷	余　额											√
月	日	种类	号数				亿	千	百	十	万	千	百	十	元	角	分		亿	千	百	十	万	千	百	十	元	角	分			亿	千	百	十	万	千	百	十	元	角	分	

级科目编号及名称　　　　　**在建工程**　　　　明细账　　　　总第　　页　分第　　页

年		凭证		摘　要	对方科目	日页	借方金额	√	贷方金额	√	借或贷	余　额	√
月	日	种类	号数				亿千百十万千百十元角分		亿千百十万千百十元角分			亿千百十万千百十元角分	

级科目编号及名称　　　　　**无形资产**　　　　明细账　　　　总第　　页　分第　　页

年		凭证		摘　要	对方科目	日页	借方金额	√	贷方金额	√	借或贷	余　额	√
月	日	种类	号数				亿千百十万千百十元角分		亿千百十万千百十元角分			亿千百十万千百十元角分	

___级科目编号及名称 无形资产 明细账 总第____页 分第____页

年		凭证		摘要	对方科目	日页	借方金额											√	贷方金额											√	借或贷	余额											√
月	日	种类	号数				亿	千	百	十	万	千	百	十	元	角	分		亿	千	百	十	万	千	百	十	元	角	分			亿	千	百	十	万	千	百	十	元	角	分	

___级科目编号及名称 明细账 总第____页 分第____页

年		凭证		摘要	对方科目	日页	借方金额											√	贷方金额											√	借或贷	余额											√
月	日	种类	号数				亿	千	百	十	万	千	百	十	元	角	分		亿	千	百	十	万	千	百	十	元	角	分			亿	千	百	十	万	千	百	十	元	角	分	

生产成本明细分类账

投产日期…… 计划工时…… 总页次…… 分页次……

完工日期…… 实际工时…… 生产车间……

完成产量…… 投产数量…… 产品规格…… 产品名称……

年		凭证号数	摘要	借方发生额	成本项目			
					直接材料	直接人工	制造费用	
月	日			千百十万千百十元角分	千百十万千百十元角分	千百十万千百十元角分	千百十万千百十元角分	千百十万千百十元角分

财会主管

复核

记账

生产成本明细分类账

投产日期________ 计划工时________ 总页次________ 分页次________

完工日期________ 实际工时________ 生产车间________

完成产量________ 投产数量________ 产品规格________ 产品名称________

年		凭证号数	摘要	借方发生额	成本项目			
月	日				直接材料	直接人工	制造费用	
				千百十万千百十元角分	千百十万千百十元角分	千百十万千百十元角分	千百十万千百十元角分	千百十万千百十元角分

财会主管

复核

记账

级科目编号及名称 制造费用 明细账 总第 页 分第 页

年		凭证号数	摘　要	借方									（　）方金额分析					
月	日			百	十	万	千	百	十	元	角	分	办公费	物料费	工薪费用	折旧费	水电费	

财会主管

复核

记账

____级科目编号及名称____

短期借款　　　明细账

总第____页　分第____页

年		凭证		摘要	对方科目	日页	借方金额											√	贷方金额											√	借或贷	余额											√
月	日	种类	号数				亿	千	百	十	万	千	百	十	元	角	分		亿	千	百	十	万	千	百	十	元	角	分			亿	千	百	十	万	千	百	十	元	角	分	

____级科目编号及名称____

应付票据　　　明细账

总第____页　分第____页

年		凭证		摘要	对方科目	日页	借方金额											√	贷方金额											√	借或贷	余额											√
月	日	种类	号数				亿	千	百	十	万	千	百	十	元	角	分		亿	千	百	十	万	千	百	十	元	角	分			亿	千	百	十	万	千	百	十	元	角	分	

级科目编号及名称　　　　**应付账款　　　明细账**　　　总第　　页　分第　　页

年		凭证		摘要	对方科目	日页	借方金额											√	贷方金额											√	借或贷	余额											√
月	日	种类	号数				亿	千	百	十	万	千	百	十	元	角	分		亿	千	百	十	万	千	百	十	元	角	分			亿	千	百	十	万	千	百	十	元	角	分	

级科目编号及名称　　　　**应付账款　　　明细账**　　　总第　　页　分第　　页

年		凭证		摘要	对方科目	日页	借方金额											√	贷方金额											√	借或贷	余额											√
月	日	种类	号数				亿	千	百	十	万	千	百	十	元	角	分		亿	千	百	十	万	千	百	十	元	角	分			亿	千	百	十	万	千	百	十	元	角	分	

级科目编号及名称

应付账款　　明细账

总第　　页　分第　　页

年		凭证		摘要	对方科目	日页	借方金额											√	贷方金额											√	借或贷	余额											√
月	日	种类	号数				亿	千	百	十	万	千	百	十	元	角	分		亿	千	百	十	万	千	百	十	元	角	分			亿	千	百	十	万	千	百	十	元	角	分	

级科目编号及名称

预收账款　　明细账

总第　　页　分第　　页

年		凭证		摘要	对方科目	日页	借方金额											√	贷方金额											√	借或贷	余额											√
月	日	种类	号数				亿	千	百	十	万	千	百	十	元	角	分		亿	千	百	十	万	千	百	十	元	角	分			亿	千	百	十	万	千	百	十	元	角	分	

级科目编号及名称

预收账款 明细账

总第 页 分第 页

年		凭证		摘要	对方科目	日页	借方金额											√	贷方金额											√	借或贷	余额											√
月	日	种类	号数				亿	千	百	十	万	千	百	十	元	角	分		亿	千	百	十	万	千	百	十	元	角	分			亿	千	百	十	万	千	百	十	元	角	分	

级科目编号及名称

明细账

总第 页 分第 页

年		凭证		摘要	对方科目	日页	借方金额											√	贷方金额											√	借或贷	余额											√
月	日	种类	号数				亿	千	百	十	万	千	百	十	元	角	分		亿	千	百	十	万	千	百	十	元	角	分			亿	千	百	十	万	千	百	十	元	角	分	

应交税费——应交增值税　　明细账

总第　　　页　分第　　　页

年		凭证字号	摘要	借方发生额				贷方发生额			借或贷	余额
月	日			进项税额	已交税金	转出未交增值税	合计	销项税额	转出多交增值税	合计		

应交税费——应交增值税　　明细账

总第　　页　分第　　页

年		凭证字号	摘要	借方发生额				贷方发生额			借或贷	余额
月	日			进项税额	已交税金	转出未交增值税	合计	销项税额	转出多交增值税	合计		

____级科目编号及名称________________

应交税费　　　　明细账

总第________页　分第________页

年		凭证		摘要	对方科目	日页	借方金额											√	贷方金额											√	借或贷	余额											√
月	日	种类	号数				亿	千	百	十	万	千	百	十	元	角	分		亿	千	百	十	万	千	百	十	元	角	分			亿	千	百	十	万	千	百	十	元	角	分	

____级科目编号及名称________________

应交税费　　　　明细账

总第________页　分第________页

年		凭证		摘要	对方科目	日页	借方金额											√	贷方金额											√	借或贷	余额											√
月	日	种类	号数				亿	千	百	十	万	千	百	十	元	角	分		亿	千	百	十	万	千	百	十	元	角	分			亿	千	百	十	万	千	百	十	元	角	分	

____级科目编号及名称________ **应交税费______明细账** 总第______页 分第______页

年		凭证		摘要	对方科目	日页	借方金额											√	贷方金额											√	借或贷	余额											√
月	日	种类	号数				亿	千	百	十	万	千	百	十	元	角	分		亿	千	百	十	万	千	百	十	元	角	分			亿	千	百	十	万	千	百	十	元	角	分	

____级科目编号及名称________ **应交税费______明细账** 总第______页 分第______页

年		凭证		摘要	对方科目	日页	借方金额											√	贷方金额											√	借或贷	余额											√
月	日	种类	号数				亿	千	百	十	万	千	百	十	元	角	分		亿	千	百	十	万	千	百	十	元	角	分			亿	千	百	十	万	千	百	十	元	角	分	

____级科目编号及名称____

应付职工薪酬____明细账

总第____页 分第____页

年		凭证		摘要	对方科目	日页	借方金额											√	贷方金额											√	借或贷	余额											√
月	日	种类	号数				亿	千	百	十	万	千	百	十	元	角	分		亿	千	百	十	万	千	百	十	元	角	分			亿	千	百	十	万	千	百	十	元	角	分	

____级科目编号及名称____

应付职工薪酬____明细账

总第____页 分第____页

年		凭证		摘要	对方科目	日页	借方金额											√	贷方金额											√	借或贷	余额											√
月	日	种类	号数				亿	千	百	十	万	千	百	十	元	角	分		亿	千	百	十	万	千	百	十	元	角	分			亿	千	百	十	万	千	百	十	元	角	分	

____级科目编号及名称____________

应付利息　　明细账

总第______页　分第______页

年		凭证		摘要	对方科目	日页	借方金额											√	贷方金额											√	借或贷	余额											√
月	日	种类	号数				亿	千	百	十	万	千	百	十	元	角	分		亿	千	百	十	万	千	百	十	元	角	分			亿	千	百	十	万	千	百	十	元	角	分	

____级科目编号及名称____________

应付股利　　明细账

总第______页　分第______页

年		凭证		摘要	对方科目	日页	借方金额											√	贷方金额											√	借或贷	余额											√
月	日	种类	号数				亿	千	百	十	万	千	百	十	元	角	分		亿	千	百	十	万	千	百	十	元	角	分			亿	千	百	十	万	千	百	十	元	角	分	

级科目编号及名称

应付股利 明细账

总第 页 分第 页

年		凭证		摘要	对方科目	日页	借方金额											√	贷方金额											√	借或贷	余额											√
月	日	种类	号数				亿	千	百	十	万	千	百	十	元	角	分		亿	千	百	十	万	千	百	十	元	角	分			亿	千	百	十	万	千	百	十	元	角	分	

级科目编号及名称

应付股利 明细账

总第 页 分第 页

年		凭证		摘要	对方科目	日页	借方金额											√	贷方金额											√	借或贷	余额											√
月	日	种类	号数				亿	千	百	十	万	千	百	十	元	角	分		亿	千	百	十	万	千	百	十	元	角	分			亿	千	百	十	万	千	百	十	元	角	分	

级科目编号及名称

其他应付款 明细账

总第 页 分第 页

年		凭证		摘要	对方科目	日页	借方金额											√	贷方金额											√	借或贷	余额											√
月	日	种类	号数				亿	千	百	十	万	千	百	十	元	角	分		亿	千	百	十	万	千	百	十	元	角	分			亿	千	百	十	万	千	百	十	元	角	分	

级科目编号及名称

其他应付款 明细账

总第 页 分第 页

年		凭证		摘要	对方科目	日页	借方金额											√	贷方金额											√	借或贷	余额											√
月	日	种类	号数				亿	千	百	十	万	千	百	十	元	角	分		亿	千	百	十	万	千	百	十	元	角	分			亿	千	百	十	万	千	百	十	元	角	分	

____级科目编号及名称____________

实收资本　　　明细账

总第______页　分第______页

年		凭证		摘要	对方科目	日页	借方金额											√	贷方金额											√	借或贷	余额											√
月	日	种类	号数				亿	千	百	十	万	千	百	十	元	角	分		亿	千	百	十	万	千	百	十	元	角	分			亿	千	百	十	万	千	百	十	元	角	分	

____级科目编号及名称____________

实收资本　　　明细账

总第______页　分第______页

年		凭证		摘要	对方科目	日页	借方金额											√	贷方金额											√	借或贷	余额											√
月	日	种类	号数				亿	千	百	十	万	千	百	十	元	角	分		亿	千	百	十	万	千	百	十	元	角	分			亿	千	百	十	万	千	百	十	元	角	分	

实收资本　　　　明细账

总第＿＿＿＿页　分第＿＿＿＿页

＿＿级科目编号及名称＿＿＿＿＿＿＿＿

年		凭证		摘要	对方科目	日页	借方金额	√	贷方金额	√	借或贷	余额	√
月	日	种类	号数				亿千百十万千百十元角分		亿千百十万千百十元角分			亿千百十万千百十元角分	

资本公积　　　　明细账

总第＿＿＿＿页　分第＿＿＿＿页

＿＿级科目编号及名称＿＿＿＿＿＿＿＿

年		凭证		摘要	对方科目	日页	借方金额	√	贷方金额	√	借或贷	余额	√
月	日	种类	号数				亿千百十万千百十元角分		亿千百十万千百十元角分			亿千百十万千百十元角分	

盈余公积　　　明细账

总第＿＿＿＿页　分第＿＿＿＿页

＿级科目编号及名称＿＿＿＿＿＿＿＿

年		凭证		摘要	对方科目	日页	借方金额											√	贷方金额											√	借或贷	余额											√
月	日	种类	号数				亿	千	百	十	万	千	百	十	元	角	分		亿	千	百	十	万	千	百	十	元	角	分			亿	千	百	十	万	千	百	十	元	角	分	

利润分配　　　明细账

总第＿＿＿＿页　分第＿＿＿＿页

＿级科目编号及名称＿＿＿＿＿＿＿＿

年		凭证		摘要	对方科目	日页	借方金额											√	贷方金额											√	借或贷	余额											√
月	日	种类	号数				亿	千	百	十	万	千	百	十	元	角	分		亿	千	百	十	万	千	百	十	元	角	分			亿	千	百	十	万	千	百	十	元	角	分	

利润分配　　　　　　明细账

总第＿＿＿＿页　分第＿＿＿＿页

＿＿级科目编号及名称＿＿＿＿＿＿＿＿

年		凭证		摘要	对方科目	日页	借方金额											√	贷方金额											√	借或贷	余额											√
月	日	种类	号数				亿	千	百	十	万	千	百	十	元	角	分		亿	千	百	十	万	千	百	十	元	角	分			亿	千	百	十	万	千	百	十	元	角	分	

利润分配　　　　　　明细账

总第＿＿＿＿页　分第＿＿＿＿页

＿＿级科目编号及名称＿＿＿＿＿＿＿＿

年		凭证		摘要	对方科目	日页	借方金额											√	贷方金额											√	借或贷	余额											√
月	日	种类	号数				亿	千	百	十	万	千	百	十	元	角	分		亿	千	百	十	万	千	百	十	元	角	分			亿	千	百	十	万	千	百	十	元	角	分	

级科目编号及名称

本年利润 明细账

总第 页 分第 页

年		凭证		摘要	对方科目	日页	借方金额												√	贷方金额												√	借或贷	余额												√
月	日	种类	号数				十	亿	千	百	十	万	千	百	十	元	角	分		十	亿	千	百	十	万	千	百	十	元	角	分			十	亿	千	百	十	万	千	百	十	元	角	分	

财会主管

复核

记账

级科目编号及名称 ______________　　　**主营业务收入　　明细账**　　　总第 ______ 页　分第 ______ 页

年		凭证号数	摘　　要	贷方									（　　）方金额分析					
月	日			百	十	万	千	百	十	元	角	分						

财会主管

复核

记账

级科目编号及名称

营业外收入 明细账

总第 页 分第 页

年		凭证号数	摘要	借方	贷方	借或贷	余额	( )方金额分析			
月	日			百十万千百十元角分	百十万千百十元角分		百十万千百十元角分				

级科目编号及名称

营业外支出 明细账

总第 页 分第 页

年		凭证号数	摘要	借方	贷方	借或贷	余额	( )方金额分析			
月	日			百十万千百十元角分	百十万千百十元角分		百十万千百十元角分				

级科目编号及名称

主营业务成本 明细账

总第　　页　分第　　页

年		凭证号数	摘要	借方									贷方									借或贷	余额									（　）方金额分析			
月	日			百	十	万	千	百	十	元	角	分	百	十	万	千	百	十	元	角	分		百	十	万	千	百	十	元	角	分				

级科目编号及名称

税金及附加 明细账

总第　　页　分第　　页

年		凭证号数	摘要	借方									贷方									借或贷	余额									（　）方金额分析			
月	日			百	十	万	千	百	十	元	角	分	百	十	万	千	百	十	元	角	分		百	十	万	千	百	十	元	角	分	印花税	城市维护建设税	教育费附加	城镇土地使用税

级科目编号及名称

销售费用 明细账

总第 页 分第 页

年		凭证号数	摘要	借方	（ ）方金额分析					
月	日			百十万千百十元角分						

财会主管

复核

记账

管理费用　　明细账

级科目编号及名称　　　　　　　　总第　　页　分第　　页

年		凭证号数	摘要	借方									（　）方金额分析								
月	日			百	十	万	千	百	十	元	角	分									

财会主管

复核

记账

级科目编号及名称　　　　财务费用　　　　明细账　　　　总第　　页　分第　　页

年		凭证号数	摘要	借方	贷方	借或贷	余额	(　　)方金额分析			
月	日			百十万千百十元角分	百十万千百十元角分		百十万千百十元角分				

级科目编号及名称　　　　所得税费用　　　　明细账　　　　总第　　页　分第　　页

年		凭证		摘要	对方科目	日页	借方金额	√	贷方金额	√	借或贷	余额	√
月	日	种类	号数				亿千百十万千百十元角分		亿千百十万千百十元角分			亿千百十万千百十元角分	

级科目编号及名称 明细账 总第 页 分第 页

年		凭证号数	摘要	借方									贷方									借或贷	余额									（ ）方金额分析			
月	日			百	十	万	千	百	十	元	角	分	百	十	万	千	百	十	元	角	分		百	十	万	千	百	十	元	角	分				

级科目编号及名称 明细账 总第 页 分第 页

年		凭证号数	摘要	借方									贷方									借或贷	余额									（ ）方金额分析			
月	日			百	十	万	千	百	十	元	角	分	百	十	万	千	百	十	元	角	分		百	十	万	千	百	十	元	角	分				

单位名称	光明市永春机械公司	光明市永春机械公司 ★
账簿名称	明细分类账	

所属年度	年度	装订册次	第 册（共 册）
起讫页码	自 第 页至第 页（共 页）		

经管人员	单位主管		财会主管		记账		装订	
	姓名	盖章	姓名	盖章	姓名	盖章	姓名	盖章
备注								

会计档案					
自 年 月 日至 年 月 日止					
册内共 页（张）			保管期限		
全宗号		目录号		案卷号	

目　录

明细分类账封底

光明市永春机械公司

记账凭证封面

第　　册
共　　册

自　　年　　月　　日至　　年　　月　　日

凭证名称	凭证起讫号码		凭证张数	附件张数	备注
	自	至			

会计档案	全宗号	目录号	案卷号	保管年限

财会主管　　　　　　装订

记账凭证封底

抽出凭证记录

抽出日期			抽出凭证名称	抽出原因	抽出人签字	经管人签字	归还日期			收件人
年	月	日					年	月	日	

光明市永春机械公司

记账凭证封面

第	册
共	册

自　　年　　月　　日至　　年　　月　　日

凭证名称	凭证起讫号码		凭证张数	附件张数	备注
	自	至			

会计档案	全宗号	目录号	案卷号	保管年限

财会主管　　　　装订

记账凭证封底

抽出凭证记录

抽出日期			抽出凭证名称	抽出原因	抽出人签字	经管人签字	归还日期			收件人
年	月	日					年	月	日	

光明市永春机械公司

记账凭证封面

第	册
共	册

自　　年　　月　　日至　　年　　月　　日

凭证名称	凭证起讫号码		凭证张数	附件张数	备注
	自	至			

会计档案	全宗号	目录号	案卷号	保管年限

财会主管　　　　　　装订

记账凭证封底

抽出凭证记录

抽出日期			抽出凭证名称	抽出原因	抽出人签字	经管人签字	归还日期			收件人
年	月	日					年	月	日	

光明市永春机械公司

日　　记　　账

（库存现金、银行存款）

2×18 年度

账簿启用及接交表

单位名称	
账簿名称	（第　　册）
账簿编号	
账簿页数	本账簿共计　　　页（本账簿页数 检点人盖章　　　）
启用日期	公元　　　年　　　月　　　日

光明市永春机械公司

经管人员	单位主管		财务主管		复核		记账	
	姓名	盖章	姓名	盖章	姓名	盖章	姓名	盖章

接交记录	经管人员		接管				交出			
	职别	姓名	年	月	日	盖章	年	月	日	盖章
备注										

日记账封底

单位名称	光明市永春机械公司							光明市永春机械公司
账簿名称	总分类账							
所属年度	年度		装订册次		第　册（共　册）			
起讫页码	自　第　页至第　页（共　页）							
经管人员	单位主管		财会主管		记账		装订	
	姓名	盖章	姓名	盖章	姓名	盖章	姓名	盖章
备注								

会计档案	自　年　月　日至　年　月　日止					
	册内共　页（张）			保管期限		
	全宗号		目录号		案卷号	

目　录

总分类账封底

光明市永春机械公司

会　计★报　表

（资产负债表、利润表）

光明市永春机械公司

2×18 年度

会计报表封底

年　月　第　号至第　号　第　册　共　册

记账凭证装订包角

年　月　第　号至第　号　第　册　共　册

年　月　第　号至第　号　第　册　共　册

记账凭证装订包角

年　月　第　号至第　号　第　册　共　册

穿孔

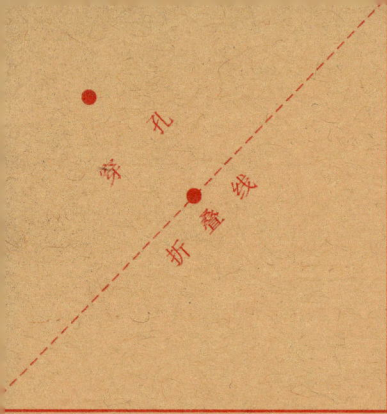

折叠线

包角使用说明：

该面朝上，与凭证左上角对齐，打孔、穿线并结紧后，沿折叠线往上折，将角的两翼往后折并用胶水粘紧。

沿虚线裁下成两个十字包角

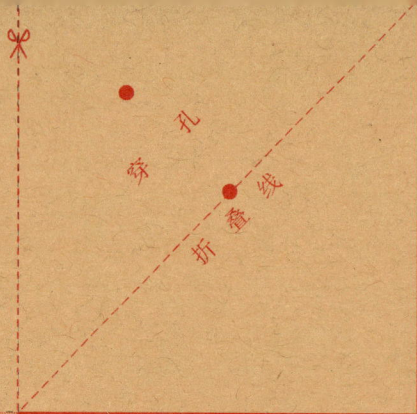

穿孔

折叠线

包角使用说明：

该面朝上，与凭证左上角对齐，打孔、穿线并结紧后，沿折叠线往上折，将角的两翼往后折并用胶水粘紧。

沿虚线裁下成两个十字包角

穿孔

折叠线

包角使用说明：

该面朝上，与凭证左上角对齐，打孔、穿线并结紧后，沿折叠线往上折，将角的两翼往后折并用胶水粘紧。

穿孔

折叠线

包角使用说明：

该面朝上，与凭证左上角对齐，打孔、穿线并结紧后，沿折叠线往上折，将角的两翼往后折并用胶水粘紧。